归农

白勇◎著

移动互联时代精神
与内容电商启示录

经济日报出版社

令人心酸的“花果同树”现象。去年的梨还在树上，今年的花又开了

金川雪梨丰收成灾，掉在地上，无人问津

2017 年 12 月 10 日，成都，金川雪梨膏产品推介会

蒋宪彬带领会员考察金川雪梨膏厂时即兴演讲

金川雪梨膏生产包装

金川藏族同胞为归农会员表演锅庄舞

在云南元江芦荟基地考察

归农团队深入山野遍寻“自然真味”

陕西礼泉苹果发货

归农荣获“2015 中国农牧行业十大创新品牌”，右四为蒋宪彬

考察海南东方市蜜瓜

2018 年 12 月，归农荣获“改革开放 40 年中国农业十大互联网品牌”称号，左三为蒋宪彬

归农会员远赴新疆拜城考察葡萄园

序一

发挥善于思考、勇于探索、敢于创新的禀赋

在2014年9月夏季达沃斯论坛上，李克强总理提出了“大众创业、万众创新”的命题。他强调要在960万平方公里土地上掀起“大众创业”“草根创业”的新浪潮，形成“万众创新”“人人创新”的新态势。自此之后，创新与创业成了当下社会的一个焦点性事件，更成为一些跃跃欲试的大学生热议的话题。

从理论上讲，大学是教书育人的殿堂。从现实的角度来看，大学在今天还是创新创业的孵化基地。在现今的知识经济时代，信息技术快速的更新迭代，一方面在客观上对创新创业形成倒逼之势，另一方面又为创新创业提供了条件与空间。大学生是我们社会中极具朝气与活力、智慧与潜力的一个群体，他们中的许多人原本就有创新创业的冲动，与创新创业具有天然的联系。所以，对于我们高等院校来说，在承担着教书育人任务的同时，还必须利用各种条件与契机对学生开展有效的创新创业教育。对于那些应用性显著的学科来说，尤其应当如此。

蒋宪彬是南昌大学新闻与传播学院广告学专业毕业的校友，曾任职于《中国足球报》上海记者站，担任过《中国服饰报》《内衣视线》《商界》《中国职业经理人》等报刊特约撰稿人。2015年，他创立“归农”移动商城，运用社交媒体、社群等工具，进行电商服务。2018年一年时间，金川雪梨膏，四川藏区扶贫助农项目单品销量，瓶装突破110万瓶，袋装销量100万袋。20斤梨子只能制成一斤膏，出售的膏换算鲜果的销量是2000万斤以上。他不仅让自己的创业之路变得更加畅达，而且还解决了当地果农卖梨难的问题，对当地雪梨产业的发展做出了巨大贡献，因而得到了当地

政府领导的认可与赞誉。

《归农》一书讲述的正是蒋宪彬及其同伴创办“归农”移动商城的事迹。其中描述了其完整的运作框架，展示了大量鲜活的案例，此外，还记录了他与同伴创业过程中的一些深度思考，其中实际上已经触及到了商业所为何来、移动互联网的核心精神是什么、“互联网+”商业的本质属性又是什么等一系列问题。当然，我们不能寄希望该书对这些问题给出完美的解答，实际上，这些问题在今天也是人言人殊，不易产生谁都认可的标准答案。我要肯定的是，蒋宪彬能够以自己所学的专业为基点，进而延展扩张开去，开创出了自己全新的事业。在这过程中，体现出善于思考、勇于探索、敢于创新的禀赋，并且激发之，发挥之，为我们贡献出了一个“互联网+”创业模式的典型范例。我想，诸如此类的种种价值，一定可以给在校的大学生留下许多启示。

南昌大学党委书记 喻晓社

序二

商人最重要的价值是什么

这是一个社会经济大变革的时代，而且变革越来越呈现为一种加速度，深究可以发现，是新思想、新科技的大规模商业应用，带动了时代的发展，因为商业始终是社会最敏感的触角和神经，商业所创新的、所探索的，往往是社会变化的肇始、开端，这一点，相信身处这个时代的所有人，早已感受深刻。

因此，不要忽视商业的新现象、新表现，不要用传统牛顿世界观的惯性、堕性思维，对新商业的萌芽作简单粗暴的评判。对此，高层有明确的态度，李克强总理已经要求政府部门对待各类新业态、新模式要有“包容审慎”的态度。不能因为倒洗澡水把婴儿也倒掉了。

这真是令人感慨，对新生事物，社会越来越采取张开双臂拥抱的态度，这是社会进步的表现。我们应该为这个伟大的时代而衷心鼓掌。

归农进行的探索实践，正是这样的创新萌芽。它在移动互联电商领域，开创性地提出了“内容电商”的理念和具体经营方法，为广大农民大量解决农产品销售问题，力所能及地带动了城乡各方的共同富裕，实现了多方共赢，为推动社会的平衡发展尽了一个普通企业的绵薄之力，使社会更趋公平，进而提出了一系列传统商业从未涉及的新思想、新方法，带来了社会经济新的发展可能，殊为可贵。

在实践中，归农促进了全国各地多种滞销农产品的销售，甚至许多品相极差因而过去卖不掉的农产品，也变成了农民的收入，许多地方性农产品更是实现了全国销售。实现的方法，是应用移动互联社交平台“反向定制”形成“订单农业”，“先销售，后生产”，卖掉多少生产多少，使过去市场杠杆简单粗暴地撬动农民大规模跟风选择畅销农产品进行耕种，造成滞销而“丰收成灾”的现象消失了，转变成了用一手收集的消费者真实需求的信息数据，来精准定制农产品。

这样，商家、农民都更理性了，一向粗放的农业生产，越来越集约经营，农业资源被充分高效地利用，投入产出比优化，成本极大降低。比如他们最具代表性的产品金川雪梨膏，从尝试销售开始，就利用移动互联平台快速收集消费者的真实订单数据，精准量化生产，效率极高，且资源的浪费趋近于0。

显然这种直接来自消费者的快速订单生产，资金和库存周转速度极高，甚至0库存，与过去厂家根据上一年市场表现来估算销量进行生产，造成大量资金沉淀、资源浪费和管理困难，有着本质的区别。归农的方法，为“降低单位产品资源消耗率”的国策，贡献了一个普通企业的力量，因此它有一个观点，“合理调配资源才是商人最重要的价值”，因为商人比生产者更接近消费者，又比消费者更接近生产者，商人天然的纽带作用，将二者在移动互联网络中“零距离”地连接起来，可以最大可能实现渠道扁平化，避免“啤酒游戏”的产生，使生产资源的效用最大化，实现最佳的经济性。这对商业的发展，应该有很大的启发意义。

其实整本书，都在围绕“商人的最大价值是合理调配资源”这一深度主题在展开。

这些农业进步的表现弥足珍贵。可以说，农业、农村、农民“三农”的进步，国家提出的“振兴乡村”战略的实现，往往来自周边合作力量的进步。归农思想和方法的进步，显然是对“三农”发展和“乡村振兴”战略的具体支持。

最后要说的是，不断创业创新的过程，一定是不断挑战失败的过程，没有屡败屡战的决心，没有因失败而强大的信念，就没有成功的机会，因此“只要走对了路，我们就不怕远”，任何人都应该有一种“职业创业者”的心态，你是你岗位的创业者，家庭主妇是家庭幸福的创业者，商人和企业家则是创富事业的创业者，都会经历坎坷曲折。归农取得的成绩，即源于他们有这样的心态，而且总是站在互联网新科技应用的最前沿。显然这样的人生，是一种积极奋斗的人生，是一种有光彩的人生。

长江商学院副院长、战略学教授 滕斌圣

序三

信息传播决定商业模式

有怎样的信息传播方式，就会有怎样的商业模式。这样的观点，源于时代变化使我们跳出了原有的研究思维。社会本质上是一个信息集合体，整个社会是由无所不在、千变万化的信息沟通组织起来的，这才是人类最真实的故事。尤瓦尔·赫拉利在他风靡当下的著作《人类简史》中即认为，人类是因为会“讲故事”，因为共同的梦想而凝聚在一起的，人类因为信息生成能力和信息处理能力强大而变得强大。

量子物理学揭示了宇宙万物的本质是一种概率波，这种波是能量，也是一种信息，换言之，是信息构成了宇宙万物，信息具有生成一切和改变一切的力量。

商业无疑是依靠信息组织起来的。古时候信息传播仅仅是口口相传、纸笔信函等，相应的商业主要是人挑畜驮的异地贩运，赚个差价，效率极低。改革开放之后，电话、传真、电视、报纸等使传播效率大大提高，但问题是，它们与传统的传播方式，没有本质区别，依然是一对一的，单线的，一次传播只有一个人或数人最多数十人获得信息。虽然电视报纸广告传播极广，但这种一对多是单层次的、断裂的，而且无法互动。及至互联网、手机、短信，互联网通讯工具如邮箱、QQ、论坛等普及之后，现代信息使社会商业一片繁荣，蒸蒸日上。

此时的商业，或者说商业模式是怎样的呢？请注意，此时种种商业形态最核心的模式，与传统商业依然没有本质区别，那就是——今天和千年以前的商业，仍然采取的是同样一种商业模式——差价模式，即层层加价的模式。

这是为什么？因为自古以来传播覆盖的局限和难以互动，使信息的稀有性从未变过。

传统商业利用信息不对称即利用信息的稀有性获利，导致交易成本极高。渠道上游到下游层层加价，所有加价，最后都由流通渠道的最终环节消费者来买单，消费者付出的费用，是厂价的数倍十多倍甚至数十倍，这是消费者极为反对的，导致买卖对立，极不利于刺激和扩大消费。

这种被消费者反对的层层加价模式，怎样才能改变？是否能找到消费者喜闻乐见的商业模式？电商平台看似新锐，网店商品价格也不高，但仍然是层层加价的差价模式。按照传统的思维逻辑，是找不到变革办法的。

只有打破传统，突破局限。移动互联网的普及，终于使局面扭转——信息的传播发生了本质性的变化，信息爆炸式传播，层级被信息穿透变得扁平，信息透明无所不在。每个人不用“上”也在网上，每个人都成了互联网的一个 IP，每个人都是信息中心，人就是网络信息连接点，这使得高度自主化的人与信息的碎片化实时处理高度匹配起来，人与信息已经一体化，每个人都可以和任何一个人实时互动，人已成为互联网生态的一部分……

信息的传播发生了本质变化，信息由不对称趋于对称，加之互动深化，什么事都趋于透明，选择越来越多，网上购物普及，传统商业迅速衰退。时代的大转折，推动商业模式也开始发生巨变。

我们看到，传统的差价商业模式终于开始改变了——我们看到了一个叫“归农”的社交电商企业，采取了全新的商业模式。

归农反对传统模式，顺时代之势而为，它站在消费者立场，顺应信息透明，将商品的所有内容信息完全公开，让消费者知悉一切，成本公开利润公开，没有层层加价，除了进货价之外就只有一个很低的价格，无论创始人还是最新会员来买，都是这个价，而且自用省钱，分享赚钱，消费者因消费而成为商人，二者一体化，买卖对立化解，消费者因为自己和朋友的消费而有利润可分，共同富裕的社会理想更贴近现实，社会更加和谐……

归农的逻辑，建立在信息对称之上，它的利润来自大流通时代低附加值产品“化整为零”式的销量突破。这是一种前所未有的商业模式，与过去的商业模式彻底不同。所以信息传播方式的根本性变化一定会带来商业模式的根本变化，所以“没有成功的企业，只有时代的企业”。让我们赞美这个时代吧！

魏炜

北京大学汇丰商学院管理学教授 魏炜

序四

为新商业的探索实践鼓与呼

这本书，用一群小人物的创业故事，探究了几个非常深刻的话题：

商业何为？移动互联网的时代精神是什么？现代商业的本质价值是什么？这些话题很深刻，但写得并不深奥。在书中，创业主角蒋宪彬作了精辟的分析研究，提出了相当独特的理论创见，而且用完整的企业模式案例和大量的实践故事，充分说明了这些理论创见的正确性和适用性，说明了这些话题与理论创见，与我们的日常生活是息息相关的，是无所不在的。

这些思考和理论创见，已经用实践探索证明了，它们关系着社会大众的生活品质、身体健康、财富积累和知识与智慧的提升，还关系着社会公益和普遍富裕等一系列问题。而且非常重要的是，蒋宪彬和这群人的探索，还关系着整个社会商业发展的主流模式和商业发展方向。我们有理由认为，这一探索意义非凡，它不仅仅对解决农产品销售难的问题意义非凡，而且为社会主流商业模式提供了新的选择可能和选择理由，他们已经提供了一个成功样本。

“归农的模式，极有可能成为一个源头，一个开端，在未来改变和引领市场营销向一个完全不同的、更利于社会平衡发展的方向转变，或者说，极可能形成市场营销理论与实战的一个新流派。”作者在书中如此剖析道。这个全新的商业方向，将带来更普遍的共同富裕。

这是这本书意义特殊的一个方面。另一个方面，它反映的是社会的普遍真实。

书中的这一群人，从创始人蒋宪彬到归农的所有会员，都是社会底层的普通大众，他们代表着社会中的绝大多数人，他们更能反映社会的普遍真实和普遍心态，更能代表这个社会的基本状态。这一点是非常重要的，正因为代表绝大多数，蒋宪彬才有理由思考本质，才能说是否能改变商业的基本形态。

正是因为他们是这样一群人，我们才可以看到，与社会大众日常生活息息相关的基本商业形态是怎样的，商业怎样才能真正贴近社会大众的心，让人们真心喜欢，书中很充分的论证了，只有这种高度符合人性的商业模式，才能回归商业本质，才能持续良性经营。

获得消费大众的真心欢迎，实现持续良性经营，不正是所有企业梦寐以求的吗？所以蒋宪彬和这群人的探索是本质性的，他们的努力，这样一个企业案例，值得认真去思考研究。这真是一件让人高兴的事，社会经济完全有可能由此打开一扇窗，向着更加完善的模式，更加兼顾公平的方向去发展。

思考清楚这些问题，很不容易，这需要本质性的看问题。

那么，怎样才能看清本质，书中呈现了两个方面，一是从社会的基本面去考察，即从社会大众的角度去考察，因此书中涉及到的人是千千万万的普通百姓，二是从一个全新的角度，即从信息传播的角度去剖析，可以清晰地看清本质。

从信息传播的角度，如何本质性的研究上面提出的一系列问题，一步步发展出全新的商业模式，探索出商业发展的新方向、新可能，这一切是如何做到的？有怎样的创新思维逻辑？全书以蒋宪彬的创业故事为线索，对此展开了条分缕析的故事性极强的分析研究。

故事是小故事，人是普通人，但小故事蕴含大意义，普通人也展开了一幅波澜壮阔的商业历史画卷，揭示了我们过去完全不曾看到的本质。你会发现，这是一本很好看的书，是一本让人感动掉泪的书。相信这本书，对你有很大的启发意义，能够开启你的智慧。

是为序。

中国人民大学品牌农业课题组组长 娄向鹏

目录

CONTENTS

第二章　在折腾中思考，在思考中折腾 /021

大多数平凡人没有面对过生死存亡的家国选择，然而在看似平凡的一生中，每个人也要为自己存在的世界奋斗、选择。其实，从这个意义上来说，每个平凡的人也没有一天是平静和平凡的，那种纠结和选择的矛盾，一如在战场。——《平凡的世界》

第三章　转型启示录：认知大于事实 /041

《易经》中“革”卦的象辞说，“君子豹变，其文蔚也”。当时势发生变化之时，君子会主动顺应，成就大事，就如同豹子长成，展现出美丽的色彩。

一些新的可能和新的未知呈现了出来。然后他转身，寻找用新的产品重新出发。

第四章　起飞需要多少努力积累 /063

归农创始人蒋宪彬有三大愿望：一是全力助农、兴农，让农户有一份合理体面的收入，让务农成为令人尊敬的职业；二是推行“自然农法”，让土地不再沙化板结，永续生态循环，让普通消费者消费得起生态天然的产品；三是提倡友善的商业文化，包容、互信、互利，反对崇洋媚外，反对肤浅盲从，化解买卖对立，让消费者参与企业经营，成为企业品牌的主人。

第五章　消费即投资，消费即创业 /083

移动互联时代，通过手机实现“人联网”，通过一个小芯片可以实现“物联网”，万事万物相连，形成超级大数据，行业无边界，成本无边界，利润无边界，每一个人，每一个参与互联的事物，一边在消耗资源，一边又在创造价值，消费变成投资，消费即创业，每个人都可以是消费商，“花本该花的钱，赚原本赚不到的利润”，这是未来的趋势。

归农思想认为，商业的本质价值是“为用户把关”，商业用市场手段进行社会资源高效调配。用户追求的不是品质最好，也不是价格最低，而是“真实”，而传统商业的忽悠欺诈违背了这一商业本质。归农则利用移动互联网一切透明、扁平、信息对称，人人市场化，人人都是IP，人人都是信息中心的时代特质，让每个人在移动社交网络上发挥人际交互价值，用内容营销实现商业真实的普及，使个人商业价值最大化，推动现代社会回归自然，快速低成本发展。

在这个物资丰富、消费理性升级的时代，归农倡导的“拙朴、简单、自然”的生活美学，高举着一面大旗——那就是：品质真实，价格真实！一切修饰的、花俏的、过度的包装、多余的功能、品牌噱头等，都去掉之后，剩下的，当然就是产品最本真的东西。“不负农人苦心，分享自然真味”，一句话，打动无数人。

第一章

当金川雪梨膏遇见归农

太多平凡的人在归农找到了精神的追求和践行理想的勇气，特别是那些过着平淡生活的家庭主妇们，突然发现可以和一群志同道合的人，一起为社会创造价值，获得前所未有的体验，一起变得更美好。她们在这个舞台上，找到了更加宽广辽阔的自我。

雪梨膏，1 分钟卖 5500 盒的奇迹

2017 年 12 月 11 日，川报观察（《四川日报》网络版）发表了这样一则新闻:《1 分钟卖 5500 盒！金川雪梨尝到社群电商“甜头”》

“1 分钟卖了 5500 盒，后面应要求再加 3000 盒，销售额 48 万元！”12 月 10 日，在成都举行的金川雪梨膏推介会上，金川雪梨膏在归农微店刚一上线，主持人第一时间亮出“成绩单”。

如此短时间内的销售量，让坐在台下的四川阿坝州金川县一位领导长长舒了一口气，“金川雪梨膏有销路了，我们县贫困户脱贫就有出路了！”他兴奋地向媒体记者们表示。他还告诉记者，金川被誉为“中国雪梨之乡”。目前全县共有 4 万亩雪梨园，100 多万株梨树，每年雪梨产量 3 万多吨。但是由于交通闭塞，大多数果子都卖不出去。“只能烂在地里，风干在树枝上。”他遗憾地表示，不少果农把雪梨喂猪，“喂到最后猪也不吃了。”除交通制约外，金川县缺少龙头企业带动，果农只能自己联系市场，每次销售几百斤，这也让不少人渐渐失去了种植积极性。

看到这种情况后，在金川县委县政府的支持下，金川籍企业家杜宇，应当地政府邀请回乡接管了停业已久的雪梨膏加工厂，将县内几乎所有的雪梨收购上来，恢复工厂生产，做成了雪梨膏。原以为只要把产品做好，总能有销量，不曾想，他自己也“卡”在了销售的环节，上一年的梨汁还没有用完，新一年的鲜果又出来了。

上海季芬电子商务有限公司董事长蒋宪彬的出现，解决了长久以来困扰金川雪梨的销路问题。蒋宪彬创建的“归农”电商平台，将金川雪梨膏放到该平台上出售。有了归农的助阵，金川雪梨不再为销路发愁。杜宇估算，此举能为该县贫困户每年增收近万元。

蒋宪彬介绍，“归农”是一个社交电商平台，不同于竞价搜索式的传统电商平台，社交电商可以利用用户互相之间的分享，主动激发需求，而

传统电商则只能被动等候用户搜索。“抓住了用户的心，也就有了巩固的市场。”蒋宪彬表示，社群社交电商另一大特点就是“裂变”。通过社交传播，一个群可以裂变成很多群，市场也会越做越大。

当天所发新闻稿说：

推介会上，上海季芬电商、“归农”创始人蒋宪彬多次讲述了他与金川雪梨的动人故事。“每20斤梨子可以熬2斤汁，1斤浓缩汁可得到6两梨膏，无污染、天然的精华，来自藏区高原的好东西值得我们选择。”当记者问起，为什么要花这么多心思来推广金川雪梨膏时，蒋宪彬的回答却很随意：“我们不推广，雪梨烂在地上了可惜，本身是好东西，卖出去了还帮助当地老百姓脱贫致富，何乐而不为！”蒋宪彬说，经过多次到金川考察，被金川雪梨的天然品质所打动，认为这是一个商机，同时看到因为交通闭塞，雪梨没有销路烂在树上感到痛心。

这场雪梨膏推介会，四川日报、华西都市报、成都商报等13家媒体记者到场，名不见经传的小平台，竟然有如此巨大的销售能力，记者们颇感惊讶。

在归农，不仅仅雪梨膏创造奇迹，类似的事每天都在发生。归农还曾创造半小时售罄3万瓶金川的苹果膏，2小时卖掉1.2万斤海南的菠萝蜜，2天卖掉2.8万枚江西泰和乌鸡蛋，半个小时卖掉2万瓶芦荟护肤水的奇迹，他们在会员群中每一次“搞事”都能在短时间内引爆销量，为遥远的新疆拜城卖掉运不出只能晒成干的提子，为甘肃沙漠深处的民勤县卖蜜瓜，为陕西礼泉和云南昭通卖苹果，为江西赣南、湖北秭归卖橙子，也为云南元江这个亚洲最大的芦荟基地销售终端产品……

蒋宪彬和他创办的归农平台，用自己独创的理论和方法，解决了产业链最底层的农民们非常苦恼的销售问题，为农户带去了实实在在的收入。会上蒋宪彬在台上一边走动，一边侃侃而谈，他说他将尽一切努力通过雪梨膏这个入口，吸引更多人了解归农，加入归农，尽力实现归农的三大愿望之一，“让农民有一份合理体面的收入”。每每念叨这句话，农村出身的蒋宪彬都心潮澎湃，难掩激情。这是他内心深处的一个情结，祖祖辈辈父亲母亲面朝黄土背朝天，劳作终生，却从未获得过“体面的收入”……他想改变这一切，有酒有诗的田园，“耕读南山下”，心中的梦想始终在召唤着他。现在，通过推广雪梨膏能推动藏区果农增收致富，也响应了2017年10月国家提出的振兴乡村战略。

1分钟抢完首批上架的5500盒之后，全国各地的会员远未满足，蒋宪彬又临时决定再上架3000盒预售，旋即又被抢光。

推介会上，蒋宪彬肯定地说：金川雪梨膏一定会爆卖！为什么呢？金川人好，所以梨好；环境好，所以梨好；品种好，所以梨好。梨好，所以梨膏好。因为雪梨膏是梨的精华，具有明显“可感知”的品质，这是这款产品爆发的第一要素。

一个微信昵称为鱼儿的会员打电话给在金川县工作的老同学，问：“有那么好吗？”老同学回答说：“东西肯定好呀！这些雪梨树都是上百年的老树，与整个高原雪域无污染的自然环境已融为一体，这种完全原生态的梨熬出来的膏，真的没话说，以前交公粮的时候，如果交不出粮，就可以熬膏来交。”在金川，几乎家家户户都有熬制雪梨膏的祖传手艺。

金川雪梨产自川西无污染无病虫害的雪域高原，品质独有。20世纪80年代，金川雪梨获得农牧渔业部优质农产品奖；1990年获中国首届农业产品博览会优良产品称号；1999年获得四川省优质水果奖；2001年经国家绿色食品发展中心严格审查，确定为绿色食品；2002年被评为西部农业博览会优质果品；2009年，金川雪梨被国家商标局获准注册为地理标志证明商标，获准使用“中国地理标志”。

而且，雪梨膏事关当地藏族同胞的常年收入，事关消费者的健康，当地活佛也乐意为这样的善行颂经加持。

雪梨的品质，只有去到金川才有深刻感受。一次，归农会员秀蓉等一行随蒋宪彬从成都出发，经过5·12地震震中映秀镇，翻越终年积雪的四姑娘山，来到金川。刚到宾馆住下，杜宇搬出一箱雪梨请大家品尝。初来乍到的客人拿起梨子一闻，立即沸腾起来：“香，太香了！”

“太兴奋了。那是多少年没有闻到的天然梨香啊，是我小时候妈妈把梨放到衣柜里，十天半月之后打开柜子闻到的那种沁人心脾的香气！咬一口，那味道，太好吃了！怪不得金川雪梨那么有名。”秀蓉后来对作者说起，还难掩兴奋。

如此丰富动人的内涵信息，一经发布就牵动无数人的心。推介会上，1分钟抢光5500盒便顺理成章，随后雪梨膏一路畅销，成为归农攻城掠地的先锋产品。

之后几天，厂家金川金雪梨果业公司决定增加一条生产线，每天通宵加班加点生产熬制。高原大山怀抱里的金川县，过去一到深夜就一片黢黑，现在雪梨膏厂开始灯火通明；金川当地业务清淡的物流公司一群人，也迅速忙碌起来，收入和生活变得有了希望；少数之前不出远门的藏区老果农，也开始进一步融入现代社会，开始明白现代信息与高速物流，同自己生活的密切关系……

捧着宝贝，一脸愁容的金川人

金川雪梨，曾经是清朝皇家的贡品，也曾经与红军有关。

金川县的一位领导曾告诉本书作者，金川县的梨树达百万棵之多，几乎全是百年古梨树，其中很多是三四百年的古树，是世界上唯一成片的古梨树林，也是全世界最大的原生态、高海拔雪梨产区，年产优质雪梨3万多吨。

这些梨树，人种天养。相传唐朝文成公主进藏途经该地时留下种子，金川始有梨树。大规模种植集中在清朝乾隆年间，当时清军两次征战大小金川，1749年，岳飞21世孙、清朝三朝名将岳钟琪率军平定金川土司叛乱，1776年，清军将领阿桂再次平定第二次反叛的金川土司，之后清军将当地特有的金花梨作为战利品送到朝廷，其扑鼻的异香和甘甜多汁，备受宫廷青睐。随后，朝廷将金川雪梨树引种至北京等地。

这种梨，生长在青藏高原东部雪域河谷地带，无病虫害，日照强烈，昼夜温差大，完全天然，果子细嫩多汁，口感极佳，可润肺止咳，熬制成膏更美味。从此金川雪梨成为朝廷御品，世代定居金川的藏族同胞也开始大规模种植雪梨树，年复一年，形成传统。每到春季，梨花盛开，漫山如雪，如烟如幻。后来梨树种得太多，无法人工管理，于是这些梨树“人种天养”，自生自灭自然生长，与自然环境完全融为一体，吸收天地精华灵气，所结果子，数百年来品质保持极好，引种至外地的雪梨，因土壤气候日照的差异，品质大为降低。

1936年，因为雪梨，长征途中的红军二、四方面军右路纵队曾在金川驻扎了十多个月，因为粮食匮乏，红军决定等待雪梨成熟之后再走，直到早熟青梨和半青半黄的梨，成了红军的主食之一，还切片晒干作为干粮带上。

这么好的雪梨，其实多少年来，销售都是个巨大的难题。

尤其在今天，其他低海拔地区的雪梨品种经过无数次改良，口感越来越符合现代人的喜好，果肉脆嫩、个大多汁、甜度高，销售颇具优势……但金川这些老梨树“人种天养”，数百年来一直传承着这土生土长的滋味，没有因为消费者的喜好变化而改变。卖鲜果，金川雪梨相对其他产区，口感与卖相已经越来越没有优势，加上地处偏远，运输成本高，销售受阻，年年“丰收成灾”，果农年年揪心，已是一个很难改变的事实。

直至2017年，金川人都在为之困惑、焦虑……

2018年8月初，归农创始人蒋宪彬到成都参加网易举办的一场活动，之后，他去了一家本地音乐公司，录制金川人谱写的一首歌《阿妈的雪梨膏》。这首歌，好多人唱着唱着，都会感动掉泪。

高高的雪山，守护着家园
纯净的甘泉，滋润着高原
飘动的经幡，祈福着平安
这就是我的家乡，世外梨园

千万朵梨花，开在蓝天下
大山的孩子，长大离开家

阿妈把祝福，用甘泉融化
装进孩儿的行囊，伴儿走天涯

阿妈的雪梨膏，是雪域的珍宝
那童年的味道，永远忘不了
阿妈的雪梨膏，是古老的歌谣
那幸福的味道，甘甜而美妙

走过了春秋，走过冬夏
伴随我长大，平安走天涯
伴随我长大，平安走天涯

蒋宪彬音质浑厚，中气十足，平时哼着唱着自我感觉还可以，一到录音棚，却跑腔跑调了，但是他说："我要唱出水平，推出去，让更多的人了解金川藏民，了解和销售归农的雪梨膏。"

作词的木西和作曲的老K都是金川藏族人，只有金川人因其切身体会，才能写出这样动人的歌。作者采访朝英姐时，说到这首歌，她眼睛一下红了，眼泪夺眶而出："每次听到那句'大山的孩子，长大离开家'，我都想哭，孩子长大了必须出去，老人小孩就无依无靠。我们去金川，看到很多家里只有老人，没有收入来源，同时看到好多好多的梨掉在地里沟里烂掉，树上也挂着许多梨，风干了都没人摘……"

作者陪蒋宪彬去录音棚录歌，蒋宪彬到旁边练歌，作者就和老K聊上了。"雪梨好像对金川人很重要？"想听他聊雪梨，故意套他的话。

"太重要了，雪梨是金川的经济支柱，我们那儿几乎没有耕地，种不出粮食，除了梨，也没有其他经济作物。我就是靠家里那几十棵雪梨树，换点钱回来读书，把我养大的。"

"据说最近这些年雪梨卖不掉了。"

老K看上去有点沉重，叹口气，"过去雪梨还能卖。现在信息、物流这么发达，人们都喜欢吃更好吃的热带水果、进口水果，梨子没人吃了。我们那儿又在大山里，山路盘旋，一两天的车程颠簸运出来，好好的梨都颠坏掉了，得不偿失，县里和外地都没人贩梨了。我们县城周边山上到处是梨，走在路上随手可摘，却无人问津，一年年就掉地上。”

现实就是这样吊诡，这些年来，社会经济越发展，物流信息越发达，金川的雪梨就越难做市场。世界各地各种水果发往成都及整个四川，太容易了，反而是离成都更近的金川雪梨运不出来，运出来也没人要，卖不出价，零售价也才四元左右一斤，利润极低，门店商贩自然不愿卖，而外地水果动辄二三十元一斤，利润高……

金川果农很为难，自古梨就是金川县的经济支柱，本地又不产出其他经济作物，只能依靠梨，但又卖不掉，成了鸡肋，进而形成下行的多米诺骨牌效应：

①金川雪梨不能“上行”，不能卖到城市，滞销导致丰收成灾；

②没有了收入，年轻人看不到希望，只能外出打工，多数在外地定居永不回乡发展；

③致使农村只有老人和留守儿童，家家户户空巢，没有生机活力；

④进一步导致土地撂荒，梨掉地上铺了一层也没人要，昔日美丽的乡村一片凋敝；

⑤日积月累，相较于其他飞速发展的内地县而言，特级贫困县金川发展愈发缓慢。

雪梨这一全县的经济支柱日渐没落，年轻人难以发展，长大只能外出，“大山的孩子，长大离开家”成了山里人的传统，成了山里人心中的痛。留不住人更谈不上发展，年复一年，雪梨产业还未走上正轨，就陷入让人尴尬的不良循环。

金川人很着急，想方设法多次组织外销都不能持续，许多人曾捡掉地的雪梨养猪，没两个月，猪也吃腻了，不吃了。还是熬成膏吧，熬雪梨膏自古以来就是金川的传统，过去还可用于充抵公粮，但是家家户户自己熬制的传统做法不行，得按现代企业制度，进行公司 + 农户的产业化运作，让企业办工厂来生产熬制，做出雪梨膏品牌，去开拓外地市场。

金川人决定走这条路，但是一切并非想像的那么简单。

去年的梨还在树上，今年的花又开了

金川的情况，在全国各地农村并非特例，条件差的部分乡村遭遇发展新难题已是全国普遍现象，已经引起党中央国务院的高度重视，国家制定了新的农村发展战略。

2012 年，中共十八大提出了到 2020 年全面建成小康社会的宏伟目标，以习近平同志为核心的党中央着眼于实现中华民族伟大复兴的中国梦，明确提出“全面实现小康，少数民族一个都不能少，一个都不能掉队”的方针，制定了民族地区在 2020 年全面脱贫、与全国同步实现全面小康社会的战略规划。民族地区进入了脱贫攻坚的决胜阶段。

习近平曾指出，坚决打好扶贫开发攻坚战，加快民族地区经济社会发展。第六次全国民族团结进步表彰大会也强调“要创新思路和机制，把整体推进与精准到户结合起来”，2015 年 10 月，中共十八届五中全会再次重申了到 2020 年“贫困人口实现脱贫，贫困县全部摘帽，解决区域性整体贫困”的宏伟目标。

2017 年 10 月 18 日，习近平总书记在党的十九大报告中提出，实施乡村振兴战略，强调农业农村农民问题是关系国计民生的根本性问题，必须把解决好“三农”问题作为全党工作重中之重。

乡村需要振兴，思路不拘一格。国家出台大力度的扶持政策，金川县委县政府振奋不已，但工作压力之大可想而知。这些大政方针，既是动力，又是压力。

但是政府能做的事，是一定程度上为市场协调和匹配资源，让资源在市场中自我调节发挥效用。金川的当务之急是动员企业介入，进行产业化、市场化运作。之前金川就有政府扶持的雪梨膏加工厂，但经营不善，这次政府找到金川籍企业家杜宇，希望他能勇挑重担，把金川的雪梨产业做起来。

杜宇也是雪梨养大的一代，也是大山的孩子长大离开家的一代，年轻时开货车跑运输，吃尽了常人未曾吃过的苦，见惯了山里山外世界的不同，慢慢将生意做大，办了多家企业，成为金川知名的能人。政府让他挑此重担，要求他办企业解决老百姓卖梨难的问题。杜宇从道义、责任、情感、能力、资源等各方面考虑，都不能推辞，于是在县政府全力支持下，将雪梨膏厂升级完善了起来，从藏民手里收购了大量雪梨，让丰收的藏民暂时有了收入。

生产雪梨膏不难，难的依然是销售。

建厂试生产，热热闹闹忙活了一段时间，打市场的样品出来之后，厂里很快变得冷清。因为，没人知道怎样把雪梨膏销出去，开淘宝店卖，搜“雪梨膏”这个词的人少之又少，卖不动。放到超市、药店里卖，半年都卖不动几瓶。

从营销理论上说，用户对产品有认知，营销更容易成功。雪梨清热润肺，市场早有普遍认知，这类道理很多人都懂，但是却很难体现在购买上。实际上市场对雪梨膏的潜在需求巨大，却没有形成刚性的显性需求，导致传统市场难以动销。因此金雪梨果业公司总是停留在样品开发，几乎从来没有真正意义上组织过大货生产。

用什么样的办法，能把潜在需求撬动起来？但并不善长消费品零售策划的杜宇团队想尽办法，却无甚起色。

时间仿佛停止了。初步加工成的雪梨汁，把库房里两个巨大的容器装得满满的，再进一步熬制就成雪梨膏了。但是，没有订单，无法生产，停工了……

绞尽脑汁推广宣传，一两年后，偶尔有些小商人来订制一种十多毫升小袋装的，也有人订购100多毫升玻璃瓶装，都是试销性质的少量订单，小商贩们并没有做全国市场的雄心、实力与方法。小订单不能解决大问题，雪梨膏还是“养在深闺无人识”。

杜宇整日忧心忡忡，愁眉不展。偶尔有人来考察合作，杜宇都尽力接待好。但无不是看一看，听一听，离开之后再无音讯。天长日久，杜宇对来考察的客商，已经不抱什么希望了。

杜宇的心情，日复一日灰暗到了极点。看上去是企业化运作了，金川雪梨产业算是在正确的路上迈进了一大步，自己掏钱把梨收了起来，藏民的燃眉之急也一定程度上得到缓解，但是雪梨膏如果总是卖不出去，自己最终将无法坚持，果农的希望也终将泡汤。

秋雨绵绵，杜宇打着伞走在乡间路上，常常有“噗、噗”的声音传到耳畔，他都不用看，他太熟悉这种声音了，那是雪梨从树上掉在地上的声音。连日阴雨，噗噗掉地的声音就更加密集。有时候，他站在窗前，也能看见梨突然从树上掉下，这时他心都揪紧了。他太难受了，他太想把这些梨变成乡亲们口袋里的钱，自己也会有收益，但总是无从发力。多年来，自己一直被老百姓、被县里寄予厚望，这一次，他很担心会让老百姓和县里失望了……

三月，雪白的梨花又开了，漫山遍野，如烟似霞。

这个季节，四川成都及各地的摄影家常常结伴来金川拍梨花。每次花开，摄影家们都能拍到一簇簇盛开的梨花旁，有一些鸡蛋大小干枯皱缩的、乌红发黑的梨，那是去年结的，没有腐烂，还挂在枝头。人们很兴奋，觉得这是绝无仅有的奇观，拍下来，作为摄影作品确实很新奇。但是秦璇却兴奋不起来。秦璇是一个摄影家，2018 年 1 月 11 日开启归农微店，她熟悉藏区，她知道这意味着什么。

一次她抓拍到一个影像，一个七旬老人，坐在自家的土坯房前，看着院子里盛开的梨花，一脸漠然麻木，与兴奋欢快的摄影家们形成鲜明对比。秦璇好奇地上前与老人攀谈起来，问老人为何不开心。老人说：“去年的梨都没卖掉，有的还在树上哩，今年的花又开了，心里发愁。”

老人絮絮叨叨地说，前些年还有成都一些贩蔬菜的人来收梨，这几年不来了。家里三个儿子都是靠梨树供养出来的，现在大儿子和二儿子在外地成家立业了，小儿子在成都读大学。家里几十棵梨树养大了三个儿子，儿子长大了都离开家，远走高飞了。

“我老了，爬不上树，那些梨摘不下来了。”都是上百年的高大梨树。

秦璇黯然，无言以对。她不知说什么好。

老人继续自言自语，“摘下来，也卖不起价，请人摘吧，花的钱比卖梨的收入还高。只好让它们挂树上干掉，掉地上烂掉。人不吃，猪都不吃了，那边那个梨膏厂，也没有办法。现在，家里收入情况就……”

后来，秦璇向几百名归农会员讲述她的藏区见闻，讲她拍到藏族孩子艰苦的学习环境，没有电灯，在窗口很小的石头屋子里就着自然光线读书，没有桌椅，几十个孩子只好坐在地上。然后，讲到她拍到老人望着一树梨花发愁的故事，“三个儿子，靠雪梨养大……”没说几句，就哽咽得说不下去。

也是这个春天，归农会员朝英姐、曾的、娘娘（书中会员名都采用昵称）随着归农组织的 130 名会员去了金川。看见满树梨花，会员们都开心不已，但看到“花果同树”，干枯的梨挂在盛开的梨花旁边，看到地里沟里到处是掉落的梨，愉悦的心情和顿时低落的情绪纠结在一起。有人不自觉地哼唱起了“阿妈的雪梨膏，是雪域的珍宝……”其中一些年轻的妈妈，眼睛就红了。

她们知道，她们必须努力去做点什么。

遇见归农；遇见，归农

国家的乡村振兴战略，具体实施的一种有效路径是“互联网 + 精准扶贫 + 农产品上行”，用互联网平台对接农产品，上行进入全国城市消费市场，促进种植大户、家庭农场、合作社等新型农业经营主体发展，有效带动广大农民增收、脱贫、致富。这是目前实现乡村振兴战略“培育新型农业经营主体”和“多渠道增加农民收入”这一目标，成本最低、最快速的方法。

上海季芬电子商务有限公司旗下的社交电商品牌“归农”，正是这样一个平台。

2017 年春，通过朝英姐的爱人转介绍，蒋宪彬创办的电商平台归农了解到了雪梨膏的信息。但是大众对这个产品的认知度并不高，不能贸然上架。蒋宪彬决定先在微信群里众筹试试，看看市场反应。众筹之前先得去金川看一看，蒋宪彬说，若非亲自见证、深度考察，产品不能上架归农。

归农必须对产品严格把关，保证其真实性。蒋宪彬认为，商业的本质价值是“替消费者把关”，产品质量可以不是最好，但必须最真实，让消费者知道真相，花应该花的钱，这样的商家对用户才有最大的价值。

金川雪梨膏好，但并不为人所知，让用户从不知道变为知道，这对蒋宪彬来说，就是一个商机。这让他很动心。

2017 年 3 月底，远在上海的蒋宪彬让成都的会员朝英姐、欧诺、春燕一行三人，就近前往金川考察，三人乘坐杜宇的车跋涉了一天，在盘山公路上翻山越岭，高原反应，朝英姐多次呕吐，强忍坚持。而且一路见四季，一会儿大雪纷飞，一会儿蓝天白云，一会又下起了冰雹，一会又是暴雨，而且车轮旁边就是悬崖河谷，一路艰险，下午终于到达金川。三人一下车，就抖擞精神，拿着手机不停地拍梨花，拍“花果同树”，拍掉地的梨，拍工厂，拍产品，了解情况，尝试产品。这一次，杜宇感觉到了不一样，以往别人都是来吃喝来玩的，这次来的几个女子一看就是来做事的。

当晚一场风雨，把盛开的梨花打落了。“我们运气真好，要是晚一天到，就拍不到梨花了。”朝英姐说。

第二天，朝英姐等人决定去看看农户家里存放的梨怎么样。梨是 10 月采摘，3 月份没有梨。一行人随机走访了几家农户，多数只有老人。

老人们问：“你们从哪里来，你们是来干什么的？”

朝英姐等人回答：“我们来看看你们的雪梨，我们觉得这个东西好，我们想帮助你们把它卖出去！”

从老人们的眼神、表情就能看出，他们就很高兴，很感动。质朴的老人不善表达，就拿出梨来热情地请他们品尝，说家里存着去年的梨，等外出打工的孩子回家吃……

有一次，与路上一位老人攀谈了几句，明白来意之后，老人从背篼里拿出刚从地里摘的蔬菜要塞给朝英姐等人，“你们尝尝，你们尝尝！”你帮助他们，不善言谈的老人往往会用这种最质朴的方式，表达他们的感激之情。

这就是父老乡亲，这就是纯朴善良的百姓！朝英姐等人一次又一次被震憾，一次又一次被感动，她们内心的善良、同情心，一次又一次被撞击。

亲身接触，才知他们太需要帮助。

收集到的资料传给归农总部后，归农第一时间将雪梨膏有关的文字资料、视频和图片在微信群里发布，以实地亲身见证，告诉人们川西高原深处的这一真实情况，渐渐让会员们对雪梨膏、对藏区果农开始有所了解。当信息传向全国，当各地会员了解到雪梨的渊源、家家户户熬雪梨膏的历史，了解到产品确实物有所值，纯天然无添加，当会员进一步了解到藏区果农很纯朴，雪梨的故事很感人，藏区需要一颗公益心去帮助脱贫，有无数的内容信息可传播可让更多人去帮助之时，无数会员的心被打动了，微信群里，顿时闹腾起来，纷纷表示感动，要支持藏区，要买雪梨膏！

很快，通过众筹拼单的方式，雪梨膏卖了 3 万瓶。

有意思的是，传统方式比较难宣传推广的雪梨膏，为什么在归农平台里一介绍，大家就踊跃下单？这里面，包含着蒋宪彬对现代商业本质的颠覆性认识和理论建树，还包含着一整套行之有效的实践方法论体系。简而言之，两个字：相信。为什么相信？下一步我们将在书中详尽阐述。

订单量一出来，兴奋的杜宇赶快把工人请回来上班，金雪梨果业公司立即焕发生机，进入满负荷生产状态。

但是谁也没料到，接下来出了一系列让人尴尬的问题。按正常时间算，所有 3 万瓶雪梨膏得一周内发货，但是杜宇没想到归农能众筹到这么大的量，除了雪梨，大量的准备工作都没到位，瓶子只准备了几千个。赶快第一时间把包材补订上，最远要从江浙订，导致发货时间大大延后。满腔热情的会员们等得心急火燎，开玩笑说，“等得花儿都谢了”。

蒋宪彬的理念是，一切信息都真实传递，让会员及时知情。有一句话，“告知实情更强大”，雪梨膏从这么偏远、恶劣的地方运出来，路上经常遇到泥石流、塌方等，有很多不可预测的危险。金雪梨果业公司又没做过电商，初次上量难免手忙脚乱，一切都可以理解。归农会员也都是相互理解、相互信任的，关键是不能隐瞒，所有信息要让他们及时知道，并及时引导会员，正因为是高原藏区，正因为条件差，一切都不如发达地区那么完备完善，藏区的果农才那么艰难，才需要我们帮助啊！

朝英姐等主要会员不断把实情和原委，通过微信社交平台不断告诉所有会员，让大家知道雪梨膏确实来之不易。

会员王小丽描述了她去金川考察的路途艰辛：“真的体验到了一盒雪梨膏的来之不易，路途遥远颠簸，一路上遇到了四季，大雪大雨冰雹太阳，坐了11个小时的车才到达金川，车上的很多大人孩子都适应不了高原反应，呕吐、发烧。但是我们都坚持了下来。我们才去一次都受不了，那金川的人民呢？所以亲眼目睹了雪梨膏的一切，我更坚定了我走归农之路的决心。不光是挣钱，我还想帮助更多淳朴的藏民……”

随着这些信息的传递，消费者终于慢慢理解，不再闹意见了。

随后收到货，会员开始有了反馈，三个字，“产品好”！第一轮成功铺垫，第二轮，需求就主动产生了。

2017年9月，许多会员强烈要求再众筹一次，这次轻松众筹了6万瓶雪梨膏。数量翻番，说明品质与定价得到了会员的高度认可并形成了有效传播。但是，这次又遇到了问题。由于瓶子生产厂家的问题，雪梨膏容量变得不一样了，从原来的120克变成了140克。为了打开市场，提高用户体验，蒋宪彬决定每瓶价格不变，每瓶多20克容量也在所不惜。这样来回一折腾，这次发货时间比第一次还久，时间最长的订单，差不多一个月之后才收到货。

网店用户付款到交货，竟然要一个多月，如果在传统电商，这家网店早就关门了，而归农却做到了，证明会员打心底里喜欢雪梨膏，打心底里喜欢归农的诚信和不计小利得失即使如此，归农认为还是必须提高发货速度，提升用户体验。

一天又一天，口碑势能在集聚，消费潜流在形成，雪梨膏即将进入爆发期。

这一切，蒋宪彬在上海运筹帷幄，指挥若定。

他发现，归农两年多以来孜孜以求的爆款产品，终于找到了。雪梨膏，值得大做特做！11月底，蒋宪彬亲自去了一趟金川，带着朝英姐、曾的、娘娘等人，双方董事长见面，谈定进行长期战略合作，归农在平台上将雪梨膏作为爆款，面向全国，重点推广，杜宇的金雪梨果业保证所有雪梨膏的品质并及时供货。双方意向谈定，还没正式签定合同，蒋宪彬就立即打了50万元现金到金雪梨果业账上，以示决心，一个星期之后，双方一起在成都举行了隆重的推介会，会后，另外一个50万元又到账了。还没开始交货，钱就到账了。这让杜宇大感意外，也深为感动。

“这就是我的风格。”农村长大的蒋宪彬浑身透着拙朴、真挚。就此他对作者说，“只要信任，只要决心做，我可以不设防，我主动敞开心扉，等于告诉你我要同你交心，我等着你来交心。这本身就很动人。”从心里来，必往心里去。信任的回报是更大的信任，信任就是彼心把心打开，就叫开心。这时候，任何人都会被激发出内心的真诚和善意。

2017 年 12 月 10 日，归农和金雪梨果业联合举办向全国会员直播的雪梨膏发布会。当天下午，主要来自四川的 400 多名归农会员，在成都某酒店济济一堂。金川县部分领导和 13 家媒体到会支持。

发布会上，金川县有关领导、杜宇、蒋宪彬等先后发言。蒋宪彬说，做企业，就是做公益。如果一家企业对社会没有贡献，这企业还能存活发展下去吗？归农不是打着公益的旗帜搞道德绑架，归农的公益观是共赢，金川的果农不需要任何人同情，帮他们把雪梨卖出去，获得收入，这是他们辛勤劳动应得的回报。语出惊人，蒋宪彬独特的公益观，不仅赢得推介会上 400 多位观众的热烈掌声，在当时聚集几十万人的微信群里，也是一片赞誉。

随后他和杜宇一起，宣布雪梨膏正式上架归农平台，开始销售。

此时，早已按捺不住、拿着手机做好准备的各地会员们立即下单，下单抢购的“咚咚”声被扩音器向全场播放，声音如线，不绝于耳，所有人都激动了。1 分钟后，主持人宣布，5500 盒雪梨膏一抢而空！蒋宪彬在台上说：“这样的抢购速度和抢购量，让我深感震惊，这证明雪梨膏的美誉度已开始深入人心，我们决定，增加预售 3000 盒！”转眼间也售罄了。

“忽如一夜春风来，千树万树梨花开”，川西高原民间数百年来“养在深闺人未识”的雪梨膏，终于以一种前所未有的爆款姿态，大步迈进了全国市场，并将很快成为电商市场的话题中心。

金川的藏区果农，从此有希望再也不为雪梨丰收而发愁了。

金川主管农业的一位领导激动不已，感叹连连：“这些过去销售无望，连猪都不吃，只有烂地里，干在树上的雪梨，依靠现代营销手段，终于重新实现了价值的最大化！”

归农也将因为这一爆款，获得前所未有的迅猛发展，这又将推动雪梨膏获得更大的销量。

第二天，四川日报记者推出新闻《1分钟卖5500盒！金川雪梨尝到社群电商“甜头”》，出现了本书最开始的那些文字。

半年之后，2018年5月2日，四川卫视对金川雪梨产业依托归农平台，成功解决了果农销售难的当务之急，作了新闻报道，多赢局面再上台阶。

带着善意，才能发现真正的美好

雪梨膏不仅是产品，更是一种“催化剂”。通过对雪梨膏的市场推广，归农全新的商业价值和社会价值被彰显出来，至关重要的是，通过对雪梨膏的推广，归农董事长蒋宪彬与众不同的商业情怀、商业理想及特立独行的运作方法，被证明是切实可行并卓有成效的。

全书对蒋宪彬的故事和归农的商业价值深度展开之前，我们需要对归农平台与雪梨膏相结合产生的意义，稍作阐述，也是阐述这本书，为何值得写。下面所表述的，同时也是蒋宪彬部分商业思想的深层次价值。

第一，归农的运营有明显的社会公益性质

一边是上海企业，一边是高原果农，归农能卖的产品数不胜数，为什么偏要不远万里卖市场并不成熟的雪梨膏？

蒋宪彬认为商业除了利益，应该包含对社会更大的悲悯情怀，要有公益心，针对雪梨膏则是公益兴农，帮助藏区果农解燃眉之急，增收致富。这不是“授人以鱼”式的一时慈善捐助，而是“授人以渔”，下游的销售使上游的生产变得可持续，整个产业链条得以打通，链条中的每一个环节都成为可持续的经营行为。通过某种活动，为需要帮助的社会公众带来持续的收益，就叫公益。蒋宪彬有一种理想，让商业的内涵中包含一份公益心和公益性质。

第二，带来多方共赢，推动地方经济发展

雪梨膏终于一路畅销，农民的梨有销路了，金雪梨果业的工人有活干有收入，金雪梨果业公司有了稳定收益，政府办成了一件民生工程，归农公司也有钱赚，归农会员作为消费者，得到了天然超值的好产品，会员推广分享，也可获得收益。哪一个环节的参与者都是赢家，多方共赢。雪梨膏的畅销，牵动了很多环节，相关产业被快速激活。蒋宪彬认为，商业的成功是整个系统的成功，否则任何一环都难以持续。

第三，归农让众多会员吃到了真正原生态的食物

现在能吃到真正原生态绿色天然食品的机会太少了，真正好吃的原生态水果，有可能不好看，甚至很丑，歪瓜裂枣，比如云南昭通的原生态苹果，就被称为丑苹果。

蒋宪彬说，不是传统的营销理论错了，而是那些理论都建立在传统营销传播方式的基础上。归农找到了一条以往从未有过的传播途径：移动互联，社交社群。利用这一平台，归农销售了大量滞销的、品相虽差，但却是真正绿色健康的食品。

第四，支持贫困地区，振兴农村经济

习近平总书记倡导留住乡愁，振兴乡村，说“绿水青山就是金山银山”。归农的作为，响应了习总书记号召，将现代信息技术与传统的农产品种植相结合，帮农村解决了大量农产品的滞销问题，这样在家乡种植水果粮食赚钱不比打工少，广阔农村天地变得大有可为。

第五，激发人心善意，自我价值实现

人总是需要做有意义的事，总是在寻找精神支撑。归农有一个主张，“不负农人苦心，分享自然真味”，仅仅这一句话就让人触动。一个叫周小静的会员说：“我从小在农村长大，所以听到‘归农’两个字心里感觉很奇妙，觉得这就是我要找的。”一个叫夏慧雪的会员说：“2017 年底，我在微博上看见一个人发的雪梨膏图片，里面有一句话：‘集结新农人，关怀老农人’。我莫名的很触动，买了雪梨膏……”

一个叫 Jessie 的会员说得很好：“归农所做这一切，不外乎两个目的：一是兴农，二是利人利己。我来自农村，知道农村人的苦楚，一份体面的收入是他们需要的，更关乎于他们的人性尊严。3 月梨花节，姐妹们去了金川实地考察分享，我真正理解了归农兴农的精髓，所以后来推广的时候会自然而然的产生一种使命感，就想着这个雪梨膏我一定要推销出去呀，这样子才能够让金川的梨子不会自然风干，让那里的藏民能够卖出他们的梨子。当销售的过程中融入了这种使命感的时候，销售就不是单纯的卖东西了，就成了一种和谐愉快地交流。在这个过程中，就达到第二个目的，帮助了别人，成全了自己。”

会员覃孟鲜说：“做归农以来收获多多，感动多多，常常情不自禁热泪盈眶……”

会员邹红艳说：“当了解到这个平台是帮偏远山区的农民卖农产品的，我当时就来兴趣了，在哪里都是买，在这还能帮到老百姓，这一点吸引了我！”她写的文字让人感动，她说，“我的奶奶，85岁了现在还一个人孤独地生活在老家！奶奶跟我的感情很好，只是年岁大了，晕车，哪儿也去不了，就在老家守着。每一年我都会回去一次，每次远远的都看到奶奶孤独的身影，翘首路口的情景……老家越来越冷清，年龄不是太大的都去打工了，只留下一些老小，小路长满了杂草。我有心无力，归农让我看到了希望，弥补了我无能为力的乡土遗憾！分享归农当天晚上，我就建了群。”

建群后，她的朋友们听说这个平台是帮农民卖农产品的，都说好。想到可以帮扶农民甚至包括自己家乡的亲人，邹红艳兴奋得一夜不眠。

她说，“这么多年的落寞与辉煌都体验过了，我一个生意人，其实更渴望一份自然和真实！个人混得再风光，赚钱再多，也没多大意义。人能够在有限的时间里干一件有意义、有大爱的事，才不会留下终生的遗憾。”

会员丢丢说：“在归农，就算挣不到钱我也愿意做，因为我可以找到大量志同道合的朋友，可以和大家一起帮助社会底层弱势的农民。”

这就是归农人！

这些令人感动的归农故事，会点燃更多的人心中原有的善良的火焰。

太多平凡的人在归农，找到了精神上的追求和践行理想的勇气，特别是那些过着平淡生活的宝妈们，突然发现了这件事情的美好，突然被感动，突然掉泪，突然被点燃了激情，突然发现可以成为更好的自己，突然来到一群志同道合、完全同频的人身边，一起学习、成长，为社会做更有意义的贡献。她们很兴奋，找到了自己的社会价值，然后他们每个人会因为这件事所付出的努力，得到更多人的尊重与认可。

第六，让全职妈妈们经济独立，人格独立

太多的归农故事令人触动。一个叫潼潼妈的全职妈妈，多年来依靠丈夫生活。开始做归农时被丈夫反对，甚至被打击，说你通讯录都没人，又没文化，你肯定不行，但她还是不愿放弃。这时她女儿快要上初中了，有一天她和她女儿的对话让她深受触动，下决心一定要做好归农。

当时她让女儿别看电视了，好好准备小升初考试，说："好好读书，以后才能考上好大学，以后有份好工作，不要像妈妈这样没文化。"

女儿回答："反正我以后长大了嫁人嘛，老公有钱就可以了。"

那一刻她呆住了，仿佛看到了女儿的命运。她觉得女儿不能走她这样的道路，开始下定决心做好归农，让自己实现经济独立，进而实现人格独立。让女儿看看经济和人格独立的女人可以生活得多么自在阳光！

一天一天，她的改变开始让女儿有所改变，让女儿也开始变得努力。

这样的故事，在归农随处可见。归农会员斌的先生，是个颇有成就的商人，他评价蒋宪彬说："令人信服，做得非常好，他真的是搭建了一个舞台，让所有会员在上面尽情跳舞，施展才华，每个人都全心投入，跳得乐呵得不得了，在舞台上最大地实现自我价值。"他们在这个舞台上获得了更宽广辽阔的自我。"他的商业思想真是特立独行，他为什么能做到？"斌的先生问。

那么，蒋宪彬，何许人也？他又怎样一步步创办了与众不同的归农？

归农与其他电商，又有什么不同？

这需要从蒋宪彬创业之初谈起。

第二章

在折腾中思考，在思考中折腾

大多数平凡人没有面对过生死存亡的家国选择，然而在看似平凡的一生中，每个人也要为自己存在的世界奋斗、选择。其实，从这个意义上来说，每个平凡的人也没有一天是平静和平凡的，那种纠结和选择的矛盾，一如在战场。

——《平凡的世界》

为什么登山？因为山在那里

蒋宪彬创办归农，与他一直信奉的一句话“生命不息，折腾不止”有关。

蒋宪彬自小就是个调皮粗犷之人，成年后自称“粗人”，行动先于思考，或者说是个在行动中思考的人，绝不因耽于思考而禁锢手脚。他极强的行动能力和丰富的实践经验，使他的思考变得更符合操作实际因而更加深刻有效，也更具创新方法。他是个典型的行动派，也是一个真正的思考者，逐步将思想和行动统一在了企业的运营之中。

少年时期最好的成长是像花一样，迎着阳光尽情绽放，所以调皮捣蛋并非坏事而是最好的自我培养，敢作敢为百无禁忌勇于试错，其实是一种优秀品格，是打开成功之门的第一把钥匙。

读初中的时候，蒋宪彬自在放任，有很多自己的想法，比如想离家学武术，父亲不许，拿棍子打，满院子追，他一溜烟爬到树上。学武术不成，辍学在家，种了一年地，反思一年，重新上学后发奋图强，从倒数第一猛增到顺数第一。入学后，他第一件事是打听班上谁的学习成绩最好，坐在后排，每天盯着这个人的后脑勺，心里暗下决心，“一定要超过这个人”。不管他是谁，只要是最优秀的那一个，蒋宪彬就和他比。

在管理学上，这叫对标管理。在每一个阶段都给自己定一个模仿、超越的目标。“所以你要想做好归农，得和归农的红人比，先看一下他们都有些什么样的特征。身边的榜样，才是真正可学习的榜样。”后来他在培训归农会员时说。

1998 年高中毕业，他考取南昌大学新闻与传播学院广告学专业。学过画画，就趁暑假跑到隔壁县办画室，招募学生教画，尝试赚钱。“现在回想起来，那是无知之勇。当时自己只学了点三脚猫功夫，竟然敢去招学生，现在想来有点好笑，但勇气可嘉。”蒋宪彬回顾这段经历这么说。

勇气是成功者最首要的品质之一。

就这样开始了。天不怕地不怕，敢想敢干，至少会显得比别人更突出更优秀，比别人更有机会抓住机会。

大一，刚进校不久，他按捺不住躁动，邀约班上几个同学，经校团委批准，正式注册，发起成立了南昌大学当时人数最多的学生社团“商务策划协会”。凭着脑子里的想法，一夜之间，自己给自己创造了一个平台。

他凭借平台到校外拉赞助。这是理所当然与外面大公司接触的第一步。由此认识了江西的门户网站“阳光网景”的老板，此人，当时还是光杆司令，蒋宪彬和另一同学就天天跟在他屁股后跑腿、办事。没有工资，最多混几根烟抽、几顿饭吃，但体验到了创业中的跑腿办事的艰辛曲折，那时他仅仅是大一的学生，也被委派到人才市场摆摊招聘，做起了“面试官”。当时他很知足，乐此不疲。

大学四年，除了学业，蒋宪彬想得最多的就是创业！那时，中国刚加入 WTO 两三年，市场经济的洪流正在深入各个行业，越来越多的人心被扬到了空中，蒋宪彬年轻的身体里也躁动着主宰命运的激情，他梦想自己创业，但他同所有少不更事的青葱少年一样，谁也看不出他的创业多年后会受到成千上万人的关注。

多年后，他总结创业者的特征和成功创业必备的四大精神———一是爱折腾 = 韧性与行动力；二是不按套路出牌 = 艺术家气质 = 创新；三是，大事敢想，小事愿做 = 格局 + 心态；四是会算账，懂节约 = 财务意识。

怎么理解？有人问登山者：“为什么登山？”

回答：“因为山在那里。”

为什么创业，蒋宪彬会回答，因为机会在那里。

冯仑说“伟大是折腾出来的”，不折腾永远不会成功，生命不息，折腾不止。爱折腾，就是敢想，然后立刻去干。拥有立刻就干、说干就干的行动力，是创业者最重要的精神。同时，当校园里别人都在聊 QQ 网恋、打 CS 的时候，蒋宪彬却在搞学生社团，包括折腾的所有事，这并不入学生主流，这叫不按套路出牌，却充满创新思维和行动精神；而且要敢想大事，内心格局才更大，大处着眼有战略秉赋，但需从小处着手具体实施。

凭着骨子里这种折腾不休的精神，2000 年，大二时，与两个同学合伙承包学校电影院。蒋宪彬负责做海报、发宣传单，发动 200 多位商务策划协会的会员去拉票、卖票，另外两个同学出资。赚钱了，三个人平分。在校运会期间放映《爱情故事》这部老电影，500 元场地 + 片租，卖了 400 多张票，收入 1200 元，一个晚上赚了 700 元，这是蒋宪彬第一次正儿八经"赚钱"。

在 2000 年，一次逛旧货市场，他产生了一个想法，建一个网站专门发布二手产品信息，卖旧货——类似今天 58 同城的思路。那个时候，蒋宪彬最常看的报纸是《中国经营报》，里面介绍的创业故事，大多是搜狐张朝阳、新浪王志东的之类，都是大眼界大格局的创业者。他觉得跟他们差距太大，认为自己干不了这事，放弃了。58 同城 2005 年成立，他这个想法诞生的时候是 2000 年。如果他用资本杠杆的思维去设计，也许中国最早的本地分类信息网站就不是 58 同城。

2001 年上半年，大二下学期，商务策划协会与学校宿管会合作，主办了"南昌大学首届时装表演大赛"。健力宝（当时国产饮料知名品牌）、阳光网景赞助了这次活动。除去交给宿管会的 1000 元费用，以及制作有关宣传物料，结余 2000 多元利润。在 1 块钱买 4 根散装烟的学生时代，2000 元是个大数字。这大概是蒋宪彬人生第二次"赚钱"——"虽然这次获得的利润不归我个人所得，但作为商务策划协会的核心创始人，我对此感到无比自豪。"

2001 年暑假，通过"润田"水包装上的电话，找到润田水公司的营销总监。蒋宪彬给出了这样一个计划书：由润田公司给南昌大学所有宿舍免费安装一台饮水机，策划协会负责送水，每桶水 1 元钱利润。这个"伟大"的计划出乎意料地顺利，润田水的营销总监对蒋宪彬的方案非常感兴趣，并且立刻同意——回校之后，校团委、学工处也很快答复：同意！蒋宪彬差点因为这个计划变成学校里的百万富翁，遗憾的是，这事最后因为供电问题"熄火"了！学工处的领导最后回复说：如果每个宿舍装一台饮水机，供电压力太大，无法实施。

2003 年，大学快毕业到上海实习。一天，一个同学下班路上看到一个店在甩卖衬衫，5 元一件。回来把这事跟蒋宪彬一说，他立马两眼放光，看到了商机。于是几个同学每人凑了几十块钱，去买了几十件衬衫，分头去菜场、公园门口摆地摊。两天后统计，每人赚了 100 多元钱，还赚了几块大抹布（剩下没卖完的衬衫）。所以，对于创业，无论生意大小，蒋宪彬的观念是：做，总比不做强，哪怕不赚钱，当作练兵学习也好。卖衬衫摆地摊赚钱虽不多，但下班后闲着无事，干嘛不去做一点事呢？

2004 年大学毕业后，在保健品公司上了两三月班之后，他应聘到了上海朵彩棉服饰有限公司企划部。某天，受楼下一个早点摊每天 2 小时卖 5000 多个粽子的启发，他决定卖江西泰和老家的“竹篙薯”（一种当地特产山药），他想，如果在上海占领 2000 个菜市场，每个菜市场每天哪怕只替他卖 10 斤，一天也能卖 2 万斤山药，一年能卖 730 万斤。想到这里，他就心里发痒。

当然，光心痒不够，得愿意去“扫街”，自己发传单，自己去菜场菜摊挨个谈。于是，每天下班回家买菜的时候，都顺便跟菜摊的老板推销山药，说放他摊位上卖，给一个结算价，卖完结账。他尽量换着菜场买菜，尽量多找铺货点。周末的时候，就坐公交车逛全上海的菜场，挨个找摊主谈。然后他用铁路托运发山药到上海。

最终，他没有靠这个山药赚到钱，也没亏。那阵子，他看到山药就没食欲，因为吃了一个多月的山药，每天晚上都吃——他赚了几十斤碎山药。

蒋宪彬在做天然彩棉内衣的朵彩公司一干就是数年，但他一直在寻找属于自己的机会。2006 年 8 月底，因逛超市偶然发现有个空位，萌发了租个位置开朵彩内衣专柜的念头。到 10 月份，专柜已经每月能赚万把块，他立刻开第二家店。到 2007 年底，在全上海总共开了 6 家店。年底，内衣店保持微利，所得利润全部给了妹夫。因为当时是妹夫在负责打理，蒋宪彬在朵彩上班，只是幕后出出点子。

2007 年下半年，蒋宪彬在朵彩公司的地位直线上升。当时公司决定战略转型开内衣全国连锁专卖店，蒋宪彬负责在安徽合肥搞一场招商会，事先并未通知，会前在四川成都出差的董事长鲁晓强突然亲临合肥现场，听了一场蒋宪彬主讲的招商会，对蒋的口才能力大为赞赏。

会后，两人乘火车回上海，鲁晓强把蒋宪彬叫到车厢连接处抽烟聊天，对蒋说：“你在台上一开口，我就很开心！”鲁发现，蒋嗓音浑厚响亮，很有气场，重要的是逻辑清晰，表达生动幽默，接地气，分析切合经营操作，能抓住要点系统深入地进行利弊陈述。整个演讲很有说服力和煽动性。

“公司除我之外，具备这个演讲能力的可能只有你了。”鲁对蒋充满期待。

其实鲁并不知道，对蒋而言，优秀已经成为一种习惯，一种状态。重要的是，它是多年自我要求和自我培养出来的。

回到上海，蒋宪彬就被委以重任，成为整个公司连锁专卖店项目的总负责人。2008 年上半年，他到江西开加盟店，到湖南开加盟店，上台主讲，进行商业模式和公司政策解析，在湖南、江西两省开了 100 多家专卖店后，又去山东开了多家直营店。

然而各地专卖店生意并不好，到七八月份，公司发现转型专卖店的战略并不成功。

大势使然，蒋宪彬自己的店生意也不好，2008 年他与表哥管高勇合资在老家泰和县开了一家朵彩内衣店，运作一年亏损 5 万元。同年，二妹做腻了内衣店的营业员，想操旧业，蒋宪彬扶持她开了一家美容院，运作一年多亏损 7 万元。

兼职创业打拼，多年几起几落，对这样的经历，他依然满心欢喜地敞开双臂拥抱。他总结说：“生命不息，折腾不止。每一次经历都是财富。生意不分大小，如果没有其他更好的选择，并且正好这件事咱能干得了，那就去做吧！社会在向上发展，赚钱的可能总是大于亏损。”

2008 年夏天，一个偶然的机会，一个 QQ 好友请蒋宪彬到他的淘宝店上“踩一踩”。蒋宪彬复制链接到朋友的淘宝店逛了一圈之后，骤然发现新大陆，欣喜不已，决定尝试开个淘宝店。

他没有用公司的名义，而是用自己的名义注册了一个淘宝店，将朵彩的一款袜子拍照上传展示在店里。大大出乎意料到的是，头一天傍晚上传的，第二天上午就卖了一双。这太神奇了！什么功夫都没费，放在那儿就能卖货，他开心不已，看到了光明的未来。

那时候，他还开着内衣实体店，所有店一个月的营业额加起来少说也有好几万，而淘宝上这一双袜子的订单却让他看到了希望。年底，蒋宪彬用开淘宝店赚来的钱买了第一辆车。

尝到甜头看到了希望，回头他就做鲁晓强的思想工作，“我们成立一个电商部门，在淘宝上开店卖货，我来运作。”正好朵彩公司搬办公室，鲁晓强就划出1/4的面积，两三百平方米用作电子商务办公，由蒋宪彬负责。

但是蒋宪彬越来越发现，一边上班一边兼职创业，永远成不了大事。

2009年春节后，他辞职了，决定从此自己干。

三十而立。这一年，他30岁。

世界想把我埋了，却不知道我是一粒种子

2009年的蒋宪彬和普通人没什么两样，他并不职业的衣着，甚至不修边幅、放浪不羁的行为习惯，让他外表上与未来的社会精英完全联系不起来，除了偶尔忧郁深邃的眼神。

这一年他辞职创业，干淘宝。他决定创业单干，但并不单打独斗，他不光自己做，还把创业机会分享给身边的人，带动许多人进入淘宝开店创业，包括亲人同学同事和行业内结识的朋友，其中包括后来电商运营领域很有知名度的为许多地方政府做电商培训淘大讲师李剑。

蒋宪彬把亲人朋友们都邀约起来各自开淘宝店，一起销售同一品类的产品比如某种风格的内衣，会形成一种抱团效应，一种集群效应。这个集群都是亲人朋友，同呼吸共进退，一旦此品类做成功，那是大家的成功，这时群体会形成一种势能和影响力，会使这类产品除了这些店，很难找出比他们更好的了。

其中，他和李剑又形成另一种更紧密的关系，他把李剑动员来开店，卖同自己完全一样的产品，他进货之后，按原价分一半给李剑，钱各赚各，但两个人形成一个小小的紧密同盟，也是双赢竞争关系，照着排名最靠前的目标，比附着你追我赶，两人的淘宝排名都可能跑到最前面，由此促成两人最大的总销量，而且两人的销量远比一人大，进货价格可谈到

更低。

两人形成可进可退，可攻可守，配合作战的同盟关系，生意很快找到感觉。

就是这样一个小小的战略决策，让蒋宪彬初入淘宝就取得不小的成功。熟悉他的的人，很容易可以发现，从大学里组织策划协会开始，他就有高屋建瓴的战略思维，善于营造格局，善于造势。这样的思维，使他的起点总是比普通竞争对手更高。他说自己是个“粗人”，说“粗人干大事”，有意思的是，战略就是粗线条的。

此时，他和李剑约好不停地抢淘宝直通车广告位，要不他第一，要不李剑第一，交替上升，而且随着排名上升，他们可以挑选品质更优附加值更高的产品进行销售，利润更高，一套内衣卖到全场最高价 199 元。淘宝搜索前 3 页，此价格是最高的，广告投入产出比（ROI）达到 1:5 以上。这时淘宝首页的排名，参考的是销量和价格等多方因素形成的综合排名。不断叠加的有利因素，使两人做得顺风顺水。

2010 年，看眼淘宝大势抵定，蒋宪彬决定两家合并做大，成立了上海季芬百货有限公司，蒋宪彬进入淘宝创业的巅峰期。蒋宪彬觉得只要顺应淘宝大势，按既定的策略作战，公司胜券在握。

但出人意料的是，2011 年，季芬电商（即季芬百货）势头急转直下，最终亏损了！

个人的战略思维再杰出，永远无法超越行业规则。在淘宝开店，首先要遵守淘宝平台的规则。这一年，淘宝调整平台规则，规定将销量作为淘宝搜索排名最重要的权重，谁销量大谁就往前排，谁就上淘宝搜索的首页。很明显，中高端定位注定无法抵挡洪水猛兽般涌来的低价竞品，排名上不去了，业绩更加下滑，靠广告支撑的投入产出比越来越低，最后降到 1:1，甚至倒挂，亏损无疑了。

销售受阻，库存必然积压，这意味着更大的亏损。

雪上加霜的是，不仅仅销售困难、库存积压，供应商生产排期不当和拖拉违约，也给蒋宪彬带来极大困难。上半年他向供应商预订的儿童内衣迟迟不到，导致季芬电商在秋冬旺季该大量走货弥补亏损时，却无法按计划走量，直到12月14日，“双12”都过了，货才到。供应商是多年老友，关系一直不错。蒋宪彬苦恼不堪，左右为难，对供应商说：“这些货要不你先放着，我也不知道能不能退货。”他其实很想退货，但他又想这些货价值两三百万元，如果拒收，会不会让对方很难受？犹豫到最后，还是打算收货，只是要求将货放对方仓库里，自己仓库存货已积压满了。

对方一听不干了，说：“要不你之前就提出拒收啊，真没把握卖你就早提出不收嘛。”

蒋宪彬很难过，他沉默了。考虑到是老交情，他没再说什么。最终认下90多万元货款债务。多年后，他对作者说：“余下的钱第二年基本还清了。这些儿童内衣，一直到2016年才清理干净，在归农会员里30元一套包邮，还有用积分兑换免费送，这才全部送掉。”

整个2011年，蒋宪彬犹如坐过山车，从暖春骤然跌入冰窟，从信心满满迅速跌入对未来一片焦虑茫然。由于广告投入巨大，全年营业额数千万，达到历史最高峰，但却亏损现金40多万元，同时积压了200多万元库存，其中包括欠供应商的90多万元。蒋宪彬创业以来第一次负债，而且是巨额债务。

无独有偶，重压接踵而至，这一年父亲结肠癌住院，小儿子下半年出生，背负着经营困难的沉重包袱，他三天两头往医院跑，担负起了家中大儿子的责任，还不能在父母面前流露出生意的困难压力。

接下来，合伙人李剑年底在淘宝的淘大讲师网上报名当电商培训师，试讲通过，慢慢讲上瘾了，没事儿就往杭州跑，2012年整个春季，一个月在公司待的时间基本不到一周。

山雨欲来风满楼。公司摇摇欲坠，虽然只是小公司。

痛苦的蒋宪彬不停抽烟，烟瘾越来越大，仿佛抽烟才能让他的心理和生理获得某种抚慰，让他不那么焦躁。

2012年春节到了，亲友热热闹闹聚会打牌，蒋宪彬心情沉重，连上牌桌的兴致都没有。

过完年，重回上海打理业务，还得勉力维持。但李剑一个月露不了几次面，这可不是个事儿，再怎样困难，团队也不能各行其是，稳定的有凝聚力的团队才有未来，何况李剑当讲师认识再多的人，公司也沾不上边。长此以往，公司将出现危机，他决定和李剑分家。

两人坐下来。蒋宪彬说："你没心思继续做下去了吧？"

李剑点头。

他说："我们分了吧。"李剑又点头。

蒋宪彬看着李剑离开的背影，低头无言，心生悲凉。一摊子事，过去两个人扛，现在他只能一个人扛了。

多年后，蒋宪彬看到了一句话，感慨不已，后来成了他的口头禅："世界想把我埋了，却不知道我是一粒种子。"坚强不屈地向上生长，是生命的本能。

至今，他和李剑仍是好朋友。

人心的江湖与"纳什均衡"的启示

多年后，蒋宪彬回顾这两年的经历，却重点提到了另一些花絮。"在创业的过程中，什么样的事最堵心？业绩差，利润少，并不可怕。可怕的是没有信心，没有方向。但方向和信心都可预判，可按大势进行调整。其实最伤心的，不是这些，不是广告费打了水漂，而是那些曾经掏心窝对待的员工，把你'搞'了。最令人伤心的不是事，是人。"

让自己伤心的人，往往是自己用过心的人。

2011 年，蒋宪彬情感用事，录用了一个刚满 18 岁的小伙子。年底，偶然发现这哥们"猜"出了公司的支付宝密码，晚上值班的时候，到财务专用的那台电脑上从支付宝里偷钱，每次几百块，一年下来偷了约 2 万元。蒋宪彬报警后，警察查出是内部人干的，最后锁定了这哥们。进局子，显然将对这小哥的一生将造成很大影响，为了保全他，蒋宪彬决定私了。找他谈话。小哥愿意悔过，并承诺在以后每个月的工资里扣 1500 元，逐步把钱逐步还上。

2012 年底，正好这些钱都还上了，一次晚饭，留他一人值班，蒋宪彬一群人吃饭回来，再次发现支付宝里金额有变动，立刻调查，果真又是他。这一次，无法原谅，他报了警……

蒋宪彬发现，人心就是江湖，就是深渊。但是你只能直面人性，尊重现实，甚至理解所有人性的丑恶，一件件一桩桩去面对去处理，扛起经营企业需要的所有责任与压力。

2012年一次发工资，蒋宪彬“手抖”，给一个上海本地员工多发了1500元。此人可能当场就发现了，拿了钱转身就走。十几分钟之后，蒋宪彬发现问题，打电话给他，他说已经回家了，答复晚上10点左右把钱打回来。10点钟时，电话关机，这哥们第二天不来上班了！“这是我遇到的印象最深刻的一个‘极品’。”蒋宪彬苦笑着对作者说，“这涉及管理，但公司太小，几个人抬头不见低头见，搞家庭式管理，什么都不规范，员工免不了乱来……”

员工怎样其实都不是事，生意大势才是事，“苦逼得很，那一年，2012年，在淘宝干不下去了，根本没有生意。”他烟不离手，回忆往事时仿佛烟瘾更大。

那时他很焦虑，但依然信心满满。不能困死在淘宝，于是跳出去，想方设法寻找出路，在亚马逊开店试一下，在拉手网开店也试一下，这里摸摸，那里试试，“都没有搞出名堂来”。但是再难，蒋宪彬在员工面前，永远信心百倍，信念坚定，苦苦支撑着公司的良性运作状态。“老板有信心，员工才有信心，否则人心就散了。何况，未来永远美好，有无数种机会和选择。所以老天给了你年轻的激情和过人的精力，去面对未来的无数机会，你有什么理由不满心阳光，不信心百倍呢？！”

对未来真正的慷慨，是把一切都献给现在。

虽然困苦焦虑，但他总是激情满怀。这个世界总是有无数种可能，试过好些平台后，终于在腾讯电子商务平台拍拍网上，重新找到了感觉。

那时候，蒋宪彬手里的男士内裤也成了积压品，淘宝店卖不动。这时他看到别的男士品牌内裤都被赋予了某种功能，灵光一闪，心想我这个内裤卖这么差，要不要也包装一下，增加点功能，换个阵地，在拍拍上卖贵点？之前在淘宝店里推，顺应整个淘宝的低价趋势，搞了各种活动，不断降价，原来100元3条内裤，卖不动，29.9元一条包邮，还是卖不动，19.9

元包邮还卖不动，9.9 元包邮稍微好一点，一天可以卖十来二十单，但是几万条内裤要卖到猴年马月去啊，就算能卖掉，也是亏本才卖得掉，成本价 12 元一条，9.9 元包邮已经亏大了。

众所周知，淘宝成就了一大批电商创业者，但后来淘宝店赚钱越来越不容易了。

对淘宝的低价逻辑及一些店主赚钱难的现象，经济学其实是有解释的。淘宝制定以销量定排名的规则，迅速扩大了市场，开创了一个全新的零售时代，但也使一些淘宝店陷入博弈论的一种困境——“纳什均衡”：当这部分人采取低价策略，打价格战，试图牺牲部分利益战胜别人以获取尽可能大的利益之时，当参与者都这样做之时，参与者整体会陷入一种“非合作均衡”，都在用低价相互钳制、相互掣肘，最后都陷在微利甚至无利可图的困窘之中难以动弹，形成一种糟糕的均衡状态，哪一家店提价，哪一家就会丧失市场，谁也无法再降价，再降就会赔本，参与者都如笼中困兽，进退失据。

“纳什均衡”首先对经济学鼻祖亚当·斯密提出的市场杠杆原理“看不见的手”，提出了挑战：按照亚当·斯密的理论，在市场经济中，每一个人都从利己的目的出发，而最终全社会达到利他的效果。但是我们可以从“纳什均衡”中引出“看不见的手”原理的一个悖论：从利己目的出发，结果损人不利己，既不利己也不利他。

对于蒋宪彬，能做的，是换平台。他在淘宝阵营之外四处寻找机会，试过亚马逊，试过拉手网，很自然地也试水了腾讯拍拍，这一试，找到了感觉。

腾讯旗下的拍拍网，当时的平台环境还比较多元化，蒋宪彬立刻感觉如鱼得水，立即调整低价策略，将男士内裤改了一下包装和诉求后，重拾中高端路线，标价 68 元一条在拍拍上挂出，广告一配合，一下卖火。蒋宪彬一看势头已起，继续逆“纳什均衡”的方向而做，把客单价做大，一条两条不卖，3 条 180 元起卖，外加送点小礼品。就这样，销量一路看涨，白天黑夜持续卖货，公司迅速摆脱市场泥淖，恢复了生机，一两个月后咸鱼翻身大局已定。事实上，按当时的销售势头，再加 20 元，89 元一条也能卖。这说明，不是人们出不起价，而是不愿为劣质货出价。

2012 年底，蒋宪彬还了供应商 70 多万元欠款，他长长舒了口气，隐形的重担终于卸了下来。随后陆陆续续支付余款，最后双方达成协议，剩下几万元不用付了。供应商也应承担该负的责任。

2012 年，蒋宪彬综合排名进入腾讯拍拍内衣目录 TOP5，应邀在腾讯电商学院进行分享。2014 年初，受腾讯电商学院邀请到深圳讲课，开始践行社会化营销（SNS 营销）——通过社交网络与网店老客户互动形成黏性，这是客户关系管理（CRM）版的社交电商。社交电商 1.0 的时代，慢慢拉开了序幕。

传统电商：未来永远不是你想要的样子

2013 年，季芬电商在腾讯拍拍平台上全面崛起。当时，在淘宝开店做电商的弟弟蒋宪武，用一款女单鞋报名参加了一场淘金币活动，发现一天能卖不少。蒋宪彬把这款女士单鞋放到自己拍拍店里，用腾讯广告轰了一下，第一天卖了几百双，他信心爆棚，决定立即跟进大量做鞋，先做单鞋，后来做凉鞋，很快一天能卖几千双鞋，他开心极了，感觉经营终于走上了正轨。

女鞋火爆了整整一个夏季，这时蒋宪彬发现了鞋的缺陷，这一发现为后来做归农埋下了某种认知的伏笔——

标准化生产的鞋，属于个性化消费品，掐准了是爆款就必须大量备货，二十多倍的备货量才能满足一次单一的个性化需求。因此凉鞋虽然量大，但是备货难，颜色多、尺码多，尺码至少五六个，每个尺码又有四五种颜色，排列组合下来，为了卖一双鞋，至少要随时备齐二十多双鞋，这导致风险极大。换言之，当你不打算卖鞋之时，仓库里的鞋一定堆积如山。后来做归农，他就尽最大可能实行产地发货，避免产生库存。

鞋一路顺畅卖得好，并不意味着事事如意，无论企业多大多小，管理都不是简单的事。正如柳传志所说，“办企业就是办人”，经营企业就是经营人的精神，在商海中快速成长的蒋宪彬还需要一次又一次审视人性、感悟人性，从中悟出管理之道。他的人性时刻都在经受他人人性的考验。

他在反思，他需要找到答案。

多年后，这个答案他一直没找到，但是他却用自己的行动找到了解决方案。在他找到的解决方案中，我们发现有些人的人生意义，在于他们的生命里有一种“自我完成”，这个自我完成的过程，让他一步步呈现出某种具有代表性的人生价值取向。此处埋个伏笔，且听下文分解。

未来永远是不确定的，未来永远只呈现为可能性，即将到来的变化你永远测不准，甚至永远不是你想要的样子。一年多以后，随着京东宣布关闭拍拍网，蒋宪彬刚做起来的拍拍店，也不得不熄火了。

这时候，蒋宪彬的思想已经发生了巨大变化。回顾多年的实践操作，他渐渐有了深入的思考——

多年来，店主在很多电商平台上，总是需要投入大量的资金去砸广告引流，否则你开的店会无声无息地淹没在无限多的网店里，谁也不知道无数网店里还有你这样一家小店的存在，更不会有消费者逛到你的店里。这个虚拟的世界里，你并不是一个实实在在的存在，只有当你呈现在消费者的电脑或手机页面上时，你的店才存在，才可能有销售，否则你只是藏在处理器里的一串数字代码。

因此必须让自己的店抛头露面，在各种网络页面不断出现，不断被点击。平台为此设计的路径是——打广告。不打广告消费者怎么知道你？消费者不知道你不搜索你，那串数字代码怎么能在电脑页面上显示为你的店面？不打广告怎么把顾客流量引给你？事实上这是把现实社会中的传统商业逻辑，搬到了虚拟的互联网上。百货商场收入驻商家的租金扣点，实质上卖的是商场的客流，网店平台也是如此。

这时你会发现，店主永远是被动的，而传播只能永远依附于电商平台，很难有自己稳定忠实的顾客群体，而且你永远不可能经营属于自己的顾客流量，换言之，你的顾客流量永远不是你的，你的顾客流量永远不由你掌控，流量是平台的，打了广告之后，平台把顾客流量分一些给你而已。或者说，你辛苦赚来的钱，超过一半甚至更多用广告的方式支付给了平台，换来的顾客流量还只是一次性的，这次消费之后马上就不见了，还想卖货，好，再投广告吧……当然，你还可以违规刷单，制造虚假的销量和用户评价，只要没被平台的系统识别，也可以获得一定的搜索流量。

流量完全被平台把控，网店老板们都被这样的瓶颈所困扰，又无计可施。

蒋宪彬越想越悲哀，他有满腹的不满和压抑。

其实他在2012年就预测，认为靠广告引流的这种电商玩法，早晚将会成为一种过去时。当时圈子里已经有人提出社会化营销（SNS营销），并且在新浪微博、腾讯微博、QQ空间里，与关注自己的朋友进行互动、沟通，进行商品的推广营销，每个人的微博和认证QQ空间，商户可以经营“自媒体”，经营自己的流量池！越来越多的社交网站、网络社区，包括BBS论坛已经兴起，像Facebook、Twiter、开心网、校内网、51网等都是社交化网络媒介，只要有人群相互间进行沟通交流，就可以做生意，就可以卖货。广告？不需要！最后你会发现，这种社会化网络营销是集广告、促销、公关、推广为一体的营销手段，是典型的整合营销行为，大有可为。

2014年初，蒋宪彬决定放弃平台电商，彻底转型。

流量池：放弃“钓鱼”，学会“养鱼”

转型社会化营销之前，他想明白了一个道理，他提出了一个“钓鱼和养鱼”的模式对比。在传统电商平台上打广告卖货，犹如在别人的流量池里“钓鱼”，钓一条吃一条，吃完了你还得到别人那里钓，但是别人不会让你白钓，你得付钱，就是广告费，钓一个小时付多少钱，你吃完了又得钓又得付钱，永远被别人制约。他就想，我们得自己“养鱼”，做流量池，自己养鱼，而且自己的流量池完全可以越做越大，需要的时候捞几条，慢慢吃，让池子里永远有鱼，永远比每次捞的数量大得多，你就永远捞不完，而且，你自己的池子，自然不需要打广告了，在池子边上撒点食，鱼就蜂拥而来了。

那时候蘑菇街、美丽说用QQ空间认证做社会化营销，不用广告费，圈了2000多万粉丝，养了2000多万条鱼。蒋宪彬相信只要够努力，他也能做到。

他觉得把一切都想明白了。

蒋宪彬决定打造自己的流量池，“养鱼”的方式，就是SNS营销。

2014年开春之后，他开始行动了。他招了十几个客服，每个人配一个工作手机，用人海战术，把以往网店老客户的手机号码全部导出来，通过手机号加QQ好友，往QQ空间里圈粉。他注册了几十个QQ号，每个号可以加2000个人。十几名客服用最笨的手工方式加好友，保底任务每个月加1500人，超过之后每加一个人奖励2元钱，这样把网店老客户加进来，最后加了4万多个好友。

他还开通了企业版的认证QQ空间，不用加好友，朋友只需点一下关注，QQ空间里发的说说与日志就能被关注的粉丝看到。

然后蒋宪彬在QQ空间里发说说，发图文，与好友互动交流，说货卖货，用这样的方式做社交电商。在QQ里、在QQ空间里直接说货，直接面对面告诉粉丝产品的优劣、特点，用搞活动的方式卖货，天天发产品广告，这个打折那个促销，鞋子买一送一，甩库存，清仓……

蒋宪彬怀着美好的梦想，不断努力推动着，但是事与愿违，一切都不如想像那般美好。一个月下来，发现用户利用率非常差，用QQ空间卖货交易量极为有限，平均每天营业额仅仅一两千元，最好的一天卖了三千多元。虽然不用进货，卖的都是鞋、内衣等库存，但折腾了一年也只是把库存变现了20万元。

这一年，白活忙了，还倒贴了几十万元工资出去。

5月份正式起步，6月份就感觉干着很吃力了，眼看账户里的钱不断变少，资金眼看只出去不回来，蒋宪彬一下很紧张，心知搞砸了。到9月，他停止烧钱，只留两个人天天刷空间，其他人一个个都劝退了。

2014年转型社会化营销，又失败了！

一个战士，最大的悲哀莫过于中途撤离战场。中盘认输，等于承认布局不当，战略失策，而不是大家不努力，所以彼德·德鲁克说“走正确的路，比正确地走路更重要”。当路走错，会有一种彻底的恐慌，后来蒋宪彬也说，创业这些年，他最茫然最无望的时候，并不是2012年，而是2014年。

多年以后，蒋宪彬对本书作者总结2014年失败的原因。他说，当时只冲动地看到“钓鱼”的方式不行了，以为自己“养鱼”就能成大事，却忽视了产品选品方面还有太多的讲究。

当时所卖的鞋子、内衣等并不适合于社会化营销。就算你天天说这个鞋子的搭配、内衣的知识、内衣面料的知识等，你用尽了所有的时间和精力，但别人并不太关心，这时你才明白，你表错情会错意了。因为鞋子内衣这一类产品不具备持久的话题性或关联度，服装和鞋子都是耐用品，消费者只是偶尔买一次，不会时时刻刻关心，你使劲推鞋，他却不需要，他怎么会在乎你说了些什么呢？而且人们消费时又是个性化的，买鞋的时候会变得很挑剔，处处要符合她的个性，有尺码的要求，有款式的喜好，高跟中跟平跟，有的喜欢亮皮，有的喜欢亚皮，每个人的要求都不同，所以即使你加了许多好友说破嘴皮，一款产品的命中率还是极有限。

而且空间里圈来的人就这么多，不会有新人进来，除非再想法加人，不进新人就只能让原有的人反复买，内衣和鞋消费频次本来就低，人又只有那些。你想让他反复买，这些品类就错了，虽然社交电商的大方向是对的。

最后发现，“养鱼”的思路正确，但是选品不对，饲料不好，鱼不吃。

后来发现，想做流量池，并非采用了适合于做流量池的商业模式就能成功，支撑经营的，是产品是否具有高覆盖面和高复购率这个特征。换言之，只有产品本身才能养流量池，而模式只提供了做流量池的方法。

再次认识清楚了一个问题，蒋宪彬为后来归农的成功，又奠定了一个基础。否则，两年后的归农可能为选品付出更大的代价。

多年后，蒋宪彬对作者说：“2014年，我错过了一个时代。”

蒋宪彬一直在回顾、在反思自己所走过的路，他的思考在一步步提升，他站在全局性的战略层面，清晰地看到，社会经济的变化大趋势才是最终决定市场兴衰的那只“看不见的手”。大势看不见，但真实存在。

他认为做企业其实就是做趋势、做时代，是做雷军所说的“风口”。而什么才是真正的趋势、时代和“风口”？包括在QQ空间里向朋友说货卖货的社会化营销（SNS营销），当年人们包括蒋宪彬可能都对它误会了，它远远不是时代的趋势和风口，它只是一些营销人尝试的一种可能，而且它能占有的只是人们极其有限的时间和空间，它是隐藏在若干前提条件（比如在办公室、在电脑前、工作之余）之下的一个小小的交易入口，远远不能同大众生活划上等号，它远远不能影响到大众消费。

事实上，蒋宪彬所说的“错过的”时代，是指微商崛起的时代。

以微信为代表的移动互联网，才真正深刻地影响了大众生活，甚至深刻改变了人们的生活方式。这才是真正的时代趋势，是风口。

因此他认为2014年他真正应该去做的，是微商。那是微商大潮刚刚崛起的一年，无数神话在这一年诞生。这一年，他敏感地察觉到了真正的社会化营销即社交电商将汹涌而至，他放弃了传统的平台电商，却没有看见一年多前腾讯刚上线的微信，正在积聚巨大的商业潜力。2014年3月开始，腾讯与京东展开全面战略合作，腾讯把拍拍和QQ网购卖给京东，京东2015年关闭拍拍，这一切都因为有了微信……

但如果不是这次失败，后来的归农也很难顺利走向成功。谁又能说不是呢？

似乎正应了一句话，一切都刚刚好，一切都是最好的安排。

有趣的是，人性才是永远不变的话题。岁月的流逝总是伴随着蒋宪彬对人性越来越深刻的认识，他必须对人性有更加深刻的认识，否则企业难以真正做顺。做企业始终是同人性打交道。

而人性，总是在最琐碎最非典型的点滴小事中，有最深刻的体现。2014年初，蒋宪彬雄心壮志地把以前离职的一个哥们请回来，许诺给予10%的利润分红，每个月给6000元的基本生活费，请他来与自己“一起创业”。9月底QQ空间卖货干不下去了，蒋宪彬与他商量，能否把每月生活费降到3000元，工作留在公司，同时允许他找点兼职过日子。等下一次找到新的项目，再一起重新开干。他选择了离开。

不料几年后，一件事翻出了老账。这哥们欠了另一个同事的钱，而这个同事又欠了公司 2 万元钱。这哥们提出，当时他离职的时候公司应该补偿他一个多月工资，计 8000 元，现在公司不用把钱发给他，他也不用还那个同事的钱，用这个钱抵扣，那个同事还公司钱的时候，少还 8000 元就可……蒋宪彬听完电话，一声叹息。我本将心向明月，奈何明月照沟渠。

“让我叹息的是，我本来拿他当兄弟、当合伙人一样看待，奈何他只把自己当作一个员工，在我最低谷的时候，以这样的心态离开了我。我不是为这 8000 元钱叹息，而是为我饱含的深情叹息。五斗米而已，谈何兄弟情义？树倒猢狲散，这也许是所有创业失败者都无法躲避的凄凉，这种痛苦，很揪心，很无奈。但这是人性，是人性中最真实的一面，你无法回避，必须面对，因此就有了日后常挂在嘴上的一句话：‘尊重人性，面对现实’。”多年后，蒋宪彬在自己的一篇文章中如是说。

2014 年下半年，蒋宪彬基本停了 QQ 空间的业务。那时他没看清时代。他无事可干，又总是处在隐隐的生存惶恐和对未来的焦虑之中，对身边的繁复变化无从把握，对命运归属无从知晓，只好泡群扯淡，看书，看电视剧打发时光。那段时间，是他创业以来最无望、最迷茫的时期。

几乎不到一年，蘑菇街、美丽说这些“社会化营销”的典范相继转型。因为，另一个全新的时代又要来了。

第三章

转型启示录：认知大于事实

《易经》中“革”卦的象辞说，“君子豹变，其文蔚也”。当时势发生变化之时，君子会主动顺应，成就大事，就如同豹子长成，展现出美丽的色彩。

一些新的可能和新的未知呈现了出来。然后他转身，寻找用新的产品重新出发。

一些人，一些事，一些可能

世事苍凉。2014年，是蒋宪彬人生中最无望、最迷茫的一年。

但2014年也是蒋宪彬人生和事业最重要、最关键的转折之年，他未来事业的所有关键因素，都在这一年的最后两三个月，突然出现了。几个人（胡涛、杜卫平、印维青、朝英姐）、一件事（自然农法）、一种商业模式（社交电商），突然让他在这一年的年底悟到了自己未来该干什么。2014年，是蒋宪彬真正的战略转折之年。

一些隐秘而必然的事情一定会发生，不是在你身上，就是在别人身上，有些可能是重大事件，有些可能微不足道。它们发生了，你看不见，你也不知道，但没准哪一天就会或深或浅地波及到你，因为万事万物总是或远或近地关联在一起的——比如你会预料到，几年之后下面这几个人的相遇，会影响到你今天的生活吗？

2014年底，一个在上海发展的江西泰和同乡胡涛，拿着里斯和特劳特的《定位》这本书，以学生心态，专程来拜访蒋宪彬。胡涛的弟弟在深圳腾讯总部听过蒋宪彬一场培训，便介绍了自己的哥哥与蒋宪彬认识，两人互加了QQ，聊定位、聊事业聊得很投机。这一天，宾主相见，谈笑甚欢。

闲聊间，蒋宪彬发现胡涛颇有想法，而且他的《定位》书上有不少批注、笔记，到处写写画画，顿时对这个小伙子产生了兴趣。虽然后来归农的思想与定位理论相左，但懂定位却是营销人的基本功。

那时候，蒋宪彬并没有想明白未来做什么，就与胡涛海聊，吹理论。胡涛大学毕业后在一家电话营销公司上班，练就了敏捷的思维和一幅好口才，有不错的组织能力和社交活动能力，两人吹得很投机，很兴奋。蒋宪彬觉得胡涛懂定位算是基本懂了市场，便有了共事的想法。

他就对胡涛建议说："你明年不要回去上班了，搞我们泰和的乌鸡蛋，创业，肯定会不错。"

这时蒋宪彬已经隐约有了归农的情怀。在此之前他已经深入了解了泰和乌鸡，便对胡涛大谈乌鸡蛋如何如何好，因为泰和是全世界乌鸡的原产地，泰和原种乌鸡，皮肉骨头全黑，丝羽、凤头、黑须、六爪，无论养多少年只长两三斤，是享誉天下的营养滋补品，众所周知的乌鸡白凤丸是著名的妇科良药，是著名的可食用药材。普通家鸡一天生一个蛋，乌鸡三天生一个蛋，价格至少是普通鸡蛋的三倍，大人小孩都可吃。

“乌鸡不好卖，乌鸡蛋肯定能火！”蒋宪彬这样判断。

一阵天马行空之后，又吹营销模式。说传统电商平台上的钓鱼模式行不通了，流量池是别人的，你从里面钓鱼吃就得付费。我们得有一个流量池，自己养鱼，做自己的流量，这样你就可以随时有鱼可捞，而且鱼还可以不断繁殖生长……

初次见面的胡涛听得两眼都直了。之后两人多次交流，胡涛觉得这个人懂理论懂市场还懂产品，会写文章，善演讲，会拍摄会剪辑，擅长网络传播，营销能力特别突出，做事雷厉风行，接地气有干劲。他尤其觉得，当时蒋宪彬事业处于低谷期，却在逆境中卧薪尝胆满腹东山再起的志向，毫不颓废，继续折腾不断，这说明，他是一个干大事的人，值得追随。

随后胡涛就辞职过来上班了，全身心地投入到了季芬电商的经营管理中。

那时候每天晚上蒋宪彬和胡涛等人一起聊项目，聊方法，聊管理，聊未来，几乎每次都聊到凌晨 3 点以后，一搞大型活动，需要打包出货，蒋宪彬就和胡涛一起去打包发货。渐渐地，胡涛从蒋宪彬身上学到很多东西，包括对商业的敏感、做人做事的境界、思维的拓展、人脉和圈子的拓展，以及价值观的提升，不久，胡涛成了蒋宪彬最得力的助手……

在此需要对定位理论稍作说明。它是美国著名营销专家艾·里斯与杰克·特劳特在 20 世纪后期创立的一种企业管理战略，认为对产品品类进行差异化的细分创新并以此占领顾客对这一品类的认知心智，是现代企业经营管理的制胜法宝。两人合著的《定位》一书被认为是企业管理战略的“圣经”，是有史以来最富影响力的营销学与广告学著作，对全球企业影响深远，至今在中国已畅销了二十余年，拥趸众多。

2014 年底，对定位早有研究的蒋宪彬，参加了上海“定位理论”兴趣群的一次学习分享会。在这个会上，他认识了日后的合作伙伴杜卫平。

会上蒋宪彬第一个上台分享，他侃侃而谈，结合自己的经营实践畅谈定位理论的落地操作体会，生动形象有趣，牢牢吸引了全场听众，也吸引了坐在他旁边的一个叫杜卫平的人。下来后两人互留了电话和微信，算是成了朋友。

杜卫平在奉贤有一家自己的化妆品营销公司，有空有闲的时候，两人也会在微信里交流一下经营管理的体会。

2014 年的蒋宪彬虽然茫然焦虑，但也在不断了解外面的世界，不断与外界接触学习，寻找机会。一次，他了解到一家用三级分销模式卖大枣的微信公众号，上线才 1 个月，日发单量据说能破 5000。

他被震撼了，他惊讶得感到失落。他在想，做这些事的人为什么不是自己？

他发现自己真的是错过了，错过了这一大波浪潮中最好的机会。当时他嗅到了未来的气味，但没有做出准确的反应，第一，他应该把战场放到微信上，第二，不应该用新的社交电商工具卖老的货物，结果被自己的历史拖累了。QQ 空间虽然是社交电商平台，但是天天打折卖促销的内衣、鞋之类的产品，低于淘宝上的成本价别人才会下单，而且封闭的空间里流量有限，让他们反复购买你的打折内衣鞋，成交概率必然有限。

这时他突然明白，移动互联网时代的现代企业，最重要的资产是人，是消费者，是让所有消费者成为公司产品的粉丝和传播者，因此最重要的是经营好自己的流量池，用最有利于流量池增长的产品比如覆盖面广、复购率高又不太容易获得的产品，去经营流量池。

时代不一样，思维完全不一样了。“我战胜了所有对手，却输给了这个时代”，当时代把你抛弃的时候，连再见都不会说一声。从此，蒋宪彬决心壮士断腕，不属于新时代的东西，该扔就扔，仓库里的存货也不用去管了，发霉了烂了也不在乎了。摆脱以产品为界限的行业经验束缚，全力以赴经营用户，一旦观念改变，那些商品一下就成了过去时，不再让他纠结。一些新的可能和新的未知呈现了出来。然后他转身，寻找用新的产品重新出发。

日本“自然农法”与木村阿公的故事

也是2014年底，四处寻找新路子的蒋宪彬开始对农业，对“自然农法”感兴趣。

完全始于巧合。蒋宪彬爱人的一个大学同学在上海崇明岛租了500亩地，用自然农法种水稻。一个周末，好奇的蒋宪彬带着一家人和肖继忠一家应邀去玩，看看同学的农庄究竟是怎么回事。

蒋宪彬的归农之路，从此开始了。

崇明岛是中国第三大岛屿，是离上海最近的一块净土，这里聚集了从上海过来的一大批“新农人”。这些城里人赚了钱，大概是因为内心深处回归自然的渴望，或者是因为某种使命感，他们拿着辛苦打拼挣来的积蓄，来到这里投资生态农业。但是，他们几乎都遇到了一个共同的问题：消费者不识货，销售困难。市场上常见的水果蔬菜因为用现代科技手段大规模种植，价格一般都非常低廉，而按传统农耕方式种植出来的生态天然的产品，却卖不起价、卖不起量。因为这种产品产量低，卖相差，消费者“不识货”“不买账”，这成了原生态农业最大的难题。要想解决这个问题，依靠传统营销传播方式打广告肯定不行。一方面广告信息传播的深度不够，另一方面农产品的利润无法支撑高额的广告成本。怎么办呢？

同学便邀请“能力很强”的蒋宪彬崇明岛一游，看看能否想想电商的办法。

崇明岛一日游，蒋宪彬心动了，他也正愁没项目做，于是决定试试卖大米。大米可是家家户户一日三餐都需要，覆盖面和复购率最高的日用品，而且同学“自然农法”种出的大米无农药无化肥，连农家肥都不施，完全自然生长，这正是城里人孜孜以求的绿色原生态产品啊。

这让干农活长大、天然亲近农业的蒋宪彬备感兴趣。

自己QQ空间有限，微信尚无动作，他注册了一家淘宝店来卖。米好，进价贵，净成本8元一斤，一袋十斤，再加上包装、快递费、淘宝直通车广告费，在淘宝上卖12.8元一斤，一斤约1元利润。每天四五十元广告投入，卖十几二十袋，无甚钱赚，但聊胜于无。他一直秉持这样的精神与理念：发现趋势比发现利润重要的多。

做着做着，顺着“古法农耕”这个词，蒋宪彬发现了另一个更令他兴奋的词：“自然农法”。这个概念，触动了他最敏感的神经。

让他印象最深的一个情景是，当时一行人走在田梗上，脚边是肆意生长的杂草，同学提示说，“你们看！”然后他伸脚在草丛中一划拉，顿时许多蚱蜢等昆虫扑楞楞四处乱飞，“虫子在杂草里能找到吃的，它就范不着吃作物了！”

不施肥，不杀虫，不除草，蒋宪彬几乎瞠目结舌。

现在，他一有空就扎进“自然农法”里，收集所有信息进行研究，他买到福冈正信的《一根稻草的革命》一书，如饥似渴地研究起来。

自然农法，是日本人冈田茂吉于1935年，福冈正信于1938年分别提出的一种遵循大自然法则的农业生产方式，以维护土壤生机的土壤培育为基础，绝不使用任何化学肥料、农药、各种生长调节剂以及任何有损土壤的添加物。只用自留种，用这片土地自然生成的种子播种，这样种子留存的基因才能完全适应这片土地，播种但不耕地，不除草，遵循自然，以草制草或以树制草或以草为绿肥，不施肥，适地适种，不栏养禽畜，任其自然生长……

看着这样的解释，蒋宪彬怦然心动。

他一下联想到，草木茂盛的山林里，树木杂草从没谁打药施肥，但是永远葱茏繁茂，土壤永远酥松肥沃。稍作思考就知道，是因为草木根系和土壤里大量繁殖的蚯蚓等种种昆虫、微生物能起到松土的作用，腐烂的草木枝叶根系、昆虫微生物的排泄物和死去之后，又使土壤具有最好的天然肥力，草木遮阴覆盖和根系网络又极好地涵养了土壤水源。而且，植物、虫子会制约虫子不过度繁衍，形成良好的生态……这种情况下，植物会长得不好吗？自然界经过数十亿年优胜劣汰演变形成的轮回规律，必定是最好的选择。

所以“道法自然”，人应该做的是遵循自然规律，《道德经》说，“人法地，地法天，天法道，道法自然”，符合自然就必然符合规律，人应该尊重和顺应自然，自然才是最好的老师。

但是，现代农业大规模使用化肥农药，除了庄稼，土地里的一切杂草、昆虫、微生物都消灭干净，一两年土壤就板结了，等于说，土壤是死的，不用化肥农药支撑就没收成。种子也是外地买来的，并不适应这片土地，为了保证存活和高产，又使劲用化肥农药，形成恶性循环。这又导致作物没有免疫力，病虫害一来，就是毁灭性的。最终的农产品，虽然产量大但不好吃，环境又遭破坏，农残激素等伤害人体……

于是几乎所有城里人都无限怀念“小时候的味道”。

农村出身的蒋宪彬陷入了深深的思考，他完全认同这些观念。

这时他又发现了另一本书《这一生至少当一次傻瓜》，写日本果农木村秋则（人称木村阿公）用自然农法种出最好的苹果的故事。为了让对农药过敏的爱人不受侵害，木村秋则 7 年不给苹果园打药用肥，到防治病虫害之时，他就往果树上喷醋、喷牛奶，喷所有他觉得可以防虫的东西，但虫子还是疯长，苹果还是一年又一年不开花不结果。连续 7 年没有收成，一家人已经穷得揭不开锅，被一村人嘲笑，连亲人也断绝了往来，木村秋则依然咬牙坚持。后来他实在走投无路，几乎疯狂，他来到山林里，就在准备自杀的那一刻，他突然发现乱草丛中一棵核桃树长得郁郁葱葱，他突然想到了什么，他奔过去，拔开泥土，嗅着泥土，用嘴嚼着泥土，满脸笑着，满脸是泪，他终于悟到了，狂奔下山……

第 8 年，他什么都不喷，什么都不管了，任杂草疯长，让果园自生自灭，这一年，几十棵苹果树终于开了几朵花，结了三个小小的苹果。一家人小心翼翼地捧着三个小苹果，木村秋则最后忐忑不安地咬了一口，那一瞬间，他瞪大眼睛，大叫起来——他吃到了世界上最好吃的苹果！

第 9 年，他的果园里，什么狐狸、蛇、兔子都有了，虫子也都让它长。开花季节，一夜之间，木村秋则的花开得比所有其他果园都壮观，全村人惊呆了。这一年，木村秋则终于丰收了，他种的苹果被一抢而空，瞬间远近闻名，无数人写信要求预订明年的苹果。他的坚持终于成功了……

这个真实的故事后来被拍成电影《奇迹苹果》，感动了无数人。

蒋宪彬也被感动了，他仿佛发现了新大陆，激动了很久。2014 年底那一两个月他几乎所有空闲时间都沉浸在与“自然农法”有关的信息里，他觉得找到了值得为之奋斗一生的事业。但是他也在想，“我需要找一块地，去种地，去推广这种自然农法吗？”他想总有一天他会去做这件事，但不是现在，而且改良土壤需要数年才见成效，现在他需要做的，是找到相对比较天然绿色的农产品，通过销售，教育市场，让消费者明白什么样的农产品，什么样的水果才是真正最健康的，是真正货真价实的。

就比如苹果，消费者总是喜欢买又大又红又光鲜的苹果，为了销售得好，一些生产端就使用膨大剂、色素、甜蜜素、打蜡、套袋、杀虫等各种手段让水果变得更有卖相，好看了，但是不好吃了，没有了水果天然的香甜可口。这源于消费者不懂什么样的农产品、什么样的水果才是真正好的。

显然，市场需要教育，改变市场需求的方向，才能改变上游生产环节。

蒋宪彬想得很明白，他需要从消费端入手，首先聚集一部分高度认同的种子用户，然后用社交自媒体进行传播，比如用微信朋友圈、微信公众号、微信群……用这些方式进行深度传播，通过口碑裂变，扩大影响面——总之，用社交电商的工具实现裂变式传播，培育市场，当消费者改变了，自己的顾客自然就增加了。这仍然基于之前“养鱼”的想法，基于“用好产品养自己的流量池”的想法，只不过更加明确，更加具体了。

现在，他已经从生态大米入手了。

——蒋宪彬未来事业的思想观念、路径方法，越来越清晰了。一种潜流，正在悄然形成。

“幽兰生于深谷，不因无人而不芳”

蒋宪彬开始着手挑选种子用户，除了从网店老客户中发掘了最初的13名种子用户，他还找到对归农后来的发展有重要影响的关键一粒“种子”：朝英姐。

在成都定居的四川自贡人朝英姐，是蒋宪彬在朵彩公司的同事，2004年，朝英姐从成都公司借调朵彩上海总部，几个月之后因为家庭原因，又调回到成都去了。短短几个月时间的缘分，谁也没想过十几年之后会彼此合作，彼此成就一件大事。

朝英姐原先在公司负责企划文案，后在四川朵彩公司任企划总监，对市场营销有较深入的理解，直到2014年辞职回家带小孩做宝妈，开始闲着。同朝英姐第一次见面，往往就能给人以安全感和信任感，她懂生活有情趣，闺蜜朋友众多，关键是对工作有很强的目标感和行动力，而且她很喜欢将一家人的日常生活在微信朋友圈里晒，与朋友分享交流——是一个典型的性格好，朋友多，并乐于交更多朋友的人。这样的人不正是最好的种子用户吗！

多年未接触，但同朝英姐取得联系时，两人还是倍感亲切。蒋宪彬说："我在淘宝上卖大米，是我一朋友在上海崇明岛自己种的，完全有机，这个米绝对好。你帮我喊点朋友来帮忙买货刷点单吧，新店没有销量与评价记录，打广告别人也不敢下单。"

乐于助人的朝英姐满口应承。她很快收到蒋宪彬发来的链接，看了看还真不错，出于对故友的简单相信，转手就发在了自己的QQ空间里，当天晚上就有二三十个闺蜜朋友下了单。

蒋宪彬一听说，开心极了。

但是，话又说回来。卖这个有机大米还真不是一件容易的事，消费者太容易和其他非有机的只卖五六元一斤的大米进行比较，一看明显太贵，外观又没有区别，尤其淘宝上卖得就很吃力，一天只能销售一二十袋，最多三十袋，成都朝英姐刚上手爆发一下，也无济于事。看来网上卖米，最多只能算练手。还需找新的突破口，他左思右想，天马行空地创意了一个"无极米店"，想把上海街头的报刊亭都改造成米店，专门卖各种大米，还做了一个商业计划书，不过，越做到后面越觉得只是个想法而已。他心里很明白，卖有机大米或者说卖大米，此路不通，至少目前无法持续。

还得重新寻找合适的产品。

产品难寻，但是再难寻也必须寻到。因为消费者只需要产品，只有好产品才能撬动、引爆市场，否则再美好的构想、再合理的商业模式都无法发挥价值。蒋宪彬还是有些焦虑，他有雄心壮志和一腔热血，但未来在哪里？他自己一时也无法回答。只不过他已经不像夏天那样迷茫了，他已经看得非常清楚。他同样非常清楚的是，现在全世界产能过剩，这个世界上，最不缺的就是产品。

急需找到的下一个好产品，在哪里？

几乎与此同时，还是2014年底，当年蒋宪彬来上海的第一份工作，在春芝堂做企划时的上司印维青，某一天在他的微信朋友圈点了赞。两人虽久未谋面，但一直互认为好友。此时印维青在云南元江县担任芦荟种植加工企业云南万绿生物股份有限公司的董事会秘书。万绿有全亚洲最大的库拉索芦荟种植基地，为主要的美容护肤品生产企业、食品加工企业如完美、屈臣氏、云南白药、汤臣倍健、可口可乐、蒙牛、伊利等提供芦荟原料。2014年万绿在新三板上市（股票代码830828），为了实现更优的业绩，公司股东大会决定除了向市场供应芦荟原料之外，向下游延伸做终端产品。

点赞互动一下，各自这些年都做了哪些事双方作了交流。做企划出身，现在在电商领域颇具名头，开拓芦荟终端市场，这个蒋宪彬不正是一个很好的经营终端产品的人选吗？

联系上之后几天，印维青和万绿公司董事长正好来上海出差，双方见面印维青就开门见山，说想成立一家子公司请蒋宪彬“操刀”，开拓全国终端市场。

蒋宪彬当然不愿意为别人打工，说：“咱也别成立子公司了，你也别投资，我自己玩，你给我支持就行了。”他想的是，也许可以试试用自己的社交电商，卖芦荟产品。

但此时，蒋宪彬并不太了解芦荟。印维青说，芦荟有细胞修复功能，可美容增白保湿护肤，可消炎杀菌防蚊虫叮咬可止痛，可防晒可治晒伤烫伤可防湿疹可治创伤，可食用清热排毒，修复胃肠道等，对人体有多种益处。蒋宪彬一边听一边心想，产品说得这么神奇，那一定是套路。

“我只要一听别人介绍自己是做养生、做大健康产业的，我心里就笑了。”蒋宪彬骨子里一刀切地把所有打着养生旗号卖保健品的人，都当成骗子。

印维青看出蒋宪彬将信将疑，便强烈要求他亲自到元江芦荟基地考察一下。

双方告别后，蒋宪彬突然回忆起来，一个月前他和家人第一次去崇明岛考察有机大米，他对一块地的角落里一棵奇异的植物产生了兴趣，同学说那是芦荟，美容护肤，还可以吃。还割了一块给自己带回家。他立即百度一查，发现芦荟真是好东西！

2014 年 11 月，满心好奇的蒋宪彬带着他的摄影摄像器材，只身一人从上海飞昆明，又从昆明坐数小时汽车来到元江。看见一座山接一座山密密麻麻漫山遍野种植的芦荟，他被震撼了。他彻底相信，印维青说的都是真实的。此事让他更加相信，万事万物的传播推广，信息对称，即真实性，是继续往下做的首要前提。

来到公司坐下，万绿招待蒋宪彬喝的，不是茶，是芦荟果丁，即芦荟凝胶丁，是万绿供给乳制品、饮料行业的工业原料，可以直接吃。

蒋宪彬端起来，傻傻的问了一句：“可以吃吗？”旁边的印维青和工作人员都笑了。

喝了一口，口感清爽嫩滑，“好喝！”

然后一路参观公司展厅，了解到万绿董事长黄运喜做芦荟已经十几年，企业已在新三板上市，一年销售收入两三个亿。眼见为实，蒋宪彬相信了，决定立即在自己的 QQ 群里卖芦荟产品。

从云南回来，蒋宪彬的兴趣点从大米转移到了芦荟。这时，他动手建了一个 QQ 群，用拍拍多客服软件群发，把当初拍拍上的几十万名老客户扫了一遍，提示说，“凡是对微商感兴趣的人请回复，我邀请你进一个 QQ 学习群”。他的拍拍已经沉寂很久了。

就这样，他拉起了第一个 QQ 群。在群里，聊着聊着，就聊到了芦荟，深入一聊，没想到感兴趣的人还不少，接着他又新成立“蕙芷庄园微联盟”，凡购买一箱以上，就能加入。这个蕙芷庄园微联盟，就是未来的流量池，就是现在的“归农”。

这时，蒋宪彬对互联网经济，对社交电商已经有很深入的思考，他认为互联网就是链接。一些人找到某个链接点，搭建一个中心化平台，就成就了那个时代的营销，比如腾讯将人与人链接，百度将人与信息链接，阿里将人与货链接。蒋宪彬想，自己将来要做农产品，要将人与农庄链接，一个个特色有机农产品的种植大户就是一个个农庄，他的使命，就是将一个个农庄与所有消费者链接起来。因此他注册了一个品牌"蕙芷庄园"，"蕙芷"古意指香草兰花，这个品牌名，取"幽兰生于深谷，不因无人而不芳"之意，喻指未来他卖的所有产品，即使是没人知道的环节，也坚持做到最好。

有意思的是，一年后，蒋宪彬又推翻了自己的思考，认为互联网的本质，不是链接。那么是什么？此是后话。

芦荟果丁货发出去之后，用户体验不错。关键是市场上从来没有这东西卖，你觉得好吃，想再买，那好，你永远只能在我这儿买。这时他总结出了社交电商选品的三大要素，除了用户群体覆盖面广和复购率高这两点，另一点是不容易买到或者不容易相信。如果到处买得到，或者说，没什么深度讲究的产品，用户不需要任何人来把关，自己就可以做出判断，哪里方便哪里便宜，就可在哪里买，这样的产品用电商是做不好的。

但是，这个原料级的芦荟果丁产品有一个缺点，包装规格太大。原料是25公斤一袋。这个赠品装，是一公斤一袋。一打开就是一公斤，吃不完，不方便。而且包装箱上还写着"非卖品，赠品"字样，显然必须换包装。2015年夏天，蒋宪彬尝试把产品改成小瓶装，但万绿工厂没有这种包装形式的罐装设备，他就从万绿采购原料，发到江苏泰州的一个饮料厂分装。

瓶子开模、瓶子成本、包装盒、快递费等，成本一下高了许多。一瓶250克，四瓶一盒，蒋宪彬卖100元钱，这一来，就从原来的5公斤100元变成了1公斤100元了……

半斤卖25元，而市面上常见的果汁饮料，也就几块钱一瓶，一般都有半斤即500ml的容量。显然这个价格太贵。改包装，失败了。

芦荟果丁突然变得没法做了，只得暂停。很久以后，才又开始卖一公斤一袋的，只是增加了一个盒子，贴了个标签，算是OEM。

当年蒋宪彬的内心，其实已经无从知晓，创业起起伏伏，他其实已经习惯了，早已处变不惊。他永远觉得，前面永远还有新的机会。而且，芦荟果丁虽然不成功，但万绿公司还有许多其他产品，万绿这个战略合作伙伴，是铁定的。

四年后，蒋宪彬对本书作者说："现在回想起来，果丁这个故事，可算是我们内容营销的一个切入口，向会员推介产品时，我们介绍了大量的芦荟知识，会员不从认知上接受关于芦荟的所有知识，他们不会下单。我们从蕙芷庄园微联盟到归农，它的起点，就是从这个产品开始的。"

认知升级：每个人都是移动互联生态的一部分

对于未来的商业模式选择和打造，蒋宪彬一直在摸索、研究。整个2014年下半年，他的神经一直绷着社交电商（包括微商）这根弦，稍有静下来，就抽着烟，陷入沉思，在脑子里整理思绪。他觉得自己应该找到一种完全符合时代特征的商业模式。他发现在QQ空间和QQ群里卖货只是权宜之计，这虽然也是社交化形式的电商，但只是自己与QQ朋友进行互动社交，只靠自己直接参与，这不足以成为"商业模式"，这种玩法，"大"不了。

这并不是移动互联时代的最佳社交方式。

他发现，移动互联的时代精神本质，每一个个体都是中心，每一个个体都是具有影响力的能量体，他的信息作为一种能量，可以向四周无限扩散，向其他个体进行传播并建立联系，而且还可以作为内容被进一步加工和传播。

这时蒋宪彬发现，随着社会的发展，互联网的价值已经不是链接了。他对互联网有了更深刻的理解。

过去，互联网是人们以更低成本、更高效率获取信息的一个平台。这些信息承载在一个域名（链接）下的某个网页内，人们只能在PC端上与域名链接，才能获取信息。现在智能手机尤其是微信普及的移动互联网络里，人们不再需要输入链接地址，就可以打开网页了，而且信息源变成了"人"，你就是一个IP，你可以直接发布信息，你可以添加不同的人做好友，这时你本身就是一个链接点，个体的人替代了域名，替代了链接，你就是移动互联网的一个组成单元，你身在其中，成了互联网生态的一部分。但过去，人只是互联网信息的"观众"。

这时你获取信息越来越不用依赖百度了，当你在移动社交网络之中，你感兴趣的事，你需要的信息，天天都在你的手机里在你身边出现。这时你会发现，你自己就是互联网的一个终端，你通过别人获取信息，别人也通过你获取信息，互联网的最大价值已经凸现，个体崛起，个体价值开始最大化。互联网尤其移动互联网，已经是一种以个体为中心的生态系统，不再是一种获取信息的平台工具。

认识到这一切之后，蒋宪彬推翻了自己之前的观念，认为蕙芷庄园不是用户与农庄的链接，它不是一个传统的互联网平台，平台即中介，是要收费的，消费者是不乐意的，蕙芷庄园应该去掉这个中间环节，它应该是移动互联网生态的一种体现，是移动互联网生态的一部分。商业模式越与这种生态融为一体，利益链条越短，企业就越好做。

演变到现在，蒋宪彬认为整个互联网都不是链接，而是数据和信息的池子，是内容延伸和传播的土壤，因为除了数据和信息，互联网并不传递任何实际的东西。的确如此，互联网就是一个信息流，信息的流动带来物资流、资金流，进而带动经济的发展。没有信息流，物资和资金都不会动，所以互联网是信息或者是内容的载体，人们因为信息和内容而连接了起来。

而且互联网不光是流通内容，还是生产内容的一个载体和土壤，就像播种一样，你把一个内容播种到互联网上，它就会被每一个链接点加工和传播，慢慢变成新的内容，就像生物界的病毒，一传十，十传百，而且会变异，但是病毒传播需要有载体，互联网就是这样一个载体和土壤。

至此蒋宪彬对互联网包括对移动互联网的认知发生了根本改变。

他认为互联网的本质是内容和信息的载体，它就是一个媒体，也是一种生态，后来的归农基于这样的认识开始大规模地做内容营销，做内容就是做信息，这才能从根本上符合互联网的本质，或者说直接融入这种本质之中。

由于这样一个基本特征，归农实质上已经成为一家内容电商。

是载体和媒体，才可做内容传播；是一种生态，互联网之中每一个节点才可进行内容的二次加工和成为信息中心，无限地互动传播。

当移动互联网成为一种生态，其中的每一个节点就是自主化的、市场化的，所以也是一个自主的信息发布中心，他可以用分享的方式进行产品信息推广和销售，每一个消费者也可以主动向更多的消费者分享推广。按归农的方式，每个分享的消费者都有利益，同时那些不分享只消费的人也能省钱，比市场同类产品价格更实惠——这样一来，这个移动互联生态系统就获得了持续发展的运作机制。

这时归农的社交电商模式就与移动互联生态系统，可持续地高度一体化了。

消费有动力，分享有动力，参与的人，即网络节点越来越多，蒋宪彬梦想中的流量池，就可迅速做大！

脑洞大开，醍醐灌顶。他进一步发现，朋友就是资源，用户就是资产，将朋友转变为用户，就是将资源转变成你的资产，而且用户本身是可以增值的。

蒋宪彬的“微商方法论”

进入2015年，按照自己全新的互联网思想，蒋宪彬开始研究“微商本质”，并把自己思考研究出来的初步成果分享在群里，其中就有2014年底在群里推出的第一个视频课程《微商方法论》。这次课的内容，代表了他这一阶段的思想成果。

为了保证其准确性和完整性，作者将《微商方法论》稍作编辑后，全文分享给读者。

但是在这里，作者必须先郑重地作一个阅读提示——

读者朋友在阅读下文之前必须明白，蒋宪彬所说的微商，并非后来社会摒弃的那种将货物层层加价分销的必须囤货的“微商”，那种微商模式违背了移动互联时代社交电商最本质的商业精神，那就是，“不是分销，而是共享”，分销来自买断加价，而共享是与他人共同分享同款商品的同一个价格，注意，分享者不加价！

分销是信息不对称时代的产物，是非互联网或非移动互联网时代的传统商业模式，过去，因为时代落后信息不对称，价值很低的产品最终价格高得不可思议。但事实上，一切早已扁平化成了一张网的今天，信息已经高度对称，透明公开，会员很快就会明白，会强烈反感，会想方设法越过他的推荐人，到最前面低价处去进货。这样的分销，以社交电商之名疯狂加价，是不可持续的。

蒋宪彬课程中所说的微商，是对所有消费和分享者价格都统一为一个价的那种微商或社交电商，它分享同一个商品，共享同一个价格，而非一人一价，对任何人都信息透明，不加价，这才是真正符合移动互联时代精神的微商本质。

——“符合移动互联时代的精神本质”，透明、公开、共享，正是后来归农所秉持的原则，也是归农得以发展壮大的原因。以下为蒋宪彬课程内容。

什么是微商？我把微商定义为个人社交链上的商业状态，这个定义有两个关键词，一个是“个人”，一个是“社交”，靠个人社交圈做买卖，早就有，只是那时候还没有微商这个词，比如直销。

在网络社交工具还不兴盛的时候，靠上门串户，电话联系等手段来做生意，需要非常高的技巧，所以这种生意多数人干不了，随着QQ、微博、微信等网络社交工具的兴盛，人链接人变得很容易，信息沟通，随时随地，我们不仅可以用电话，短信、QQ和微信一对一的与人交流，而且还可以用微博，微信朋友圈和QQ空间、社区论坛，群聊等工具、方法，一对多的传播信息，因此，又诞生了一个全新的名词，叫社交自媒体，那么微商就是伴随着社交自媒体成熟而发展起来的全新商业模式。

通过微商的定义，我们可以了解到，微商是从社交自媒体成熟而发展起来的新型商业模式。那么，弊端具有哪些特点呢？我们通过这些特点来看一看微商的本质到底是什么？微商的本质，我们接下来从四个角度来解读。

微商的本质，第一，微商商业形态的特征，小客流。通过这个特征，我们可以得到一个答案，微商适合做什么？卖什么？线下的步行街，大卖场，万达商圈，线上的京东、淘宝、天猫、唯品会等等，都属于大客流的商业形态。大客流商业的特征是每天都会有源源不断的新客户到店产生交易，一个购买皮大衣的客人，可能要几年以后才会产生同类的需求，但是不要紧，明天还会有另外一个客人出现，服装鞋帽、水龙头、马桶、电视机，诸如此类的商品，都是购买频次很低的耐用消费品，但是不要紧，在这座城市，在整个互联网上，人足够的多，同一天对这个产品产生需求的人，只要把它聚集起来就可以，源源不断的陌生人，是商圈大客流商业形态赖以生存的土壤。

做网店，流量为王，做实体店，商圈为王。客流是传统商圈、大客流商业形态的命脉，而微商相对传统商业圈业态而言，它是一种小客流商业形态，是依存于个人社交圈的商业形态，无论个人社交面有多广，客流始终是有限的，只有单个客户的价值足够大，才能支撑微商的生存与发展，那么如何让单个客户的价值足够大，无限大呢？答案是：

第一要靠用户对商业的信任。

第二要靠用户对商业的不断重复需求，客流有限，信任无限，信任是微商的命脉。通过客流形态的对比，我们发现，京东、淘宝、天猫，以及线下商圈门店，做的是陌生人的生意，而微商做的则是熟人的生意，通过客流形态的对比与分解，我们可以得出微商适合卖什么的结论。微商商品，必备具备以下三个特点：

第一个特点，消费频次高的。

第二个特点，需求覆盖面广的。

第三个特点，不容易买到，或者需要高信任度支持的。

微商本质的第二点：微商销售行为的特征，是分享。通过这个特征的解读，我们可以得到一个答案，微商该如何卖，无论是否有微商，分享无处不在，我们做淘宝店的时候，经常可以遇到这样的客户，第一次买过一套内衣之后，觉得品质不错，很喜欢，还想要买，但是又希望价格更低一点，第二次来买的时候，就发动办公室同志拼单，然后找我们砍价，单子大了，肯定就有了还价的资本，这个拼单的过程，其实就是自发分享的过程，通过分享，不仅自己的购买价格便宜了，而且又把这种又便宜又好的商品，传递给了朋友，这其实就是最原生态的微商分享行为。

出去旅游了，发照片，写说说，外出就餐，高大上的餐厅环境，先拍一张上图，上菜了，先拍一下菜的照片，好文章、好视频，好听的音乐，一键转发分享，看到好看、搞笑的段子，抓紧复制，扔到QQ群里面去。老同学相聚，糗事爆料，忆苦思甜，讲自己的工作经历，讲自己的创业历程，读书会，骑行群，摄影俱乐部等等，在社交活动当中，分享无处不在，社交就是分享，分享就是社交。

2014年，火爆微信朋友圈的某面膜，他们通过反反复复的刷屏、发广告，告诉别人，我的货比别人的更好，你不用我的面膜，你的家庭就会出问题，你嘲笑我刷屏，鄙视我可能被洗脑，那是因为你跟不上时代，事实上，他们连续刷屏几个月，发现好友越来越少了，空间浏览量越来越低了，为什么呢？因为朋友们烦你了。微商的本质是社交，微商卖货的形式应该是分享。如果方向错了，你跑得越卖力，离目标就会越远。朋友都被你刷屏刷跑了，你还做什么微商？

通过以上对比分解，我们得出结论，微商该如何卖，微商销售行为，两大准则，第一，传递价值，分享快乐，第二，软性推广。

微商的本质，第三点，微商营销传播的特征——口碑。

通过这个解读，我们可以找到，微商如何卖得更好的方法和方向，胃口不好，那就来一点老干妈，香辣可口又便宜，哪里有华人，哪里就有老干妈，老干妈从来不打电视广告，却能卖遍全球，靠的是什么？靠的是口碑。

微商是个人社交链上的商业形态，有限的客流，限制了微商营销传播的广度，限制了这门生意的规模，那么，微商，如何把货卖得更多，把生意做得更大，钱赚得更多呢？答案也是靠口碑。微商要想卖得好，唯有靠口碑，口碑传播的两大驱动力，第一，利益驱动，第二，社交心理驱动。

真正的微商，主要是要靠社交心理驱动，来制造流行，打造爆款等等，什么是社交心理驱动，跟大家讲个故事。今年我在春节期间，亲戚朋友们聚会K歌，有一个开着宝马730的人，衣锦还乡，可惜在KTV包房里，我们在座的大部分人，是没有机会看到他的豪车，这个不要紧，实际上，我们还应该可以看到他裤腰上挂的那一把车钥匙，我仔细观察了他很久，他每一次从厕所回来的时候，裤腰上那把车钥匙，有车标的那一面，始终是朝外面的，这就是社交心理的驱动。

对于营销而言，社交心理驱动的商品口碑传播，我认为主要有以下几种可能：第一种可能，是要让商品能够显示用户的身份、位置，或者品位、个性，当某一个商品，能够证明你的消费实力，显示你在事业上的成就时，一旦拥有，就会迫不及待的去显摆，去分享。

文化的多样化，决定了商品的多样性，不同的商品，满足了不同人群的社交生活与社交心理需求。因此给商品注入文化基因，让商品能够显示用户的身份地位，或者品位，个性，更有利于激发口碑传播。

第二种可能就是给商品增加娱乐社交属性，让一件本来可以独享的商品，变成需要在众人的分享之下，共同享用的商品形式。比如说聚会装、分享装，等等，这种大包装的形式。而给商品增加娱乐性、趣味性的商品形式，案例也比较多，比如在佳能的相机上面，增加一个手机遥控和手机wifi的功能，或者说在汽车上面增加一个手机遥控的功能。使得本来只有照相功能，或者只有代步功能的汽车，也可以融入到更多的社交场合去，让人有更多的机会与身边的朋友进行分享。

第三种可能，是让商品与社会热点挂钩。

第四种可能，那就是给商品赋予道德、仁义以及公益属性。比如，慈善，我在腾讯公益的平台上，有看到过一条广告，它的广告词是：你的购买，将给侗族村民带来一份有尊严的收入；比如，公益，低碳出行，某某电动力；比如民族感和爱国主义情怀，“中国人的可乐非常可乐”“格力芯，中国造”……

微商本质第四点，微商用户心理特征追求真实。

品质真实，价格真实，通过这种解读，我们可以得到微商“如何卖得更久”的答案。微商是个人社交链上的生意，那么是什么支撑着微商的存在？那就是消费心理苛求真实。

部分微商利用用户对需求的急切心理来实现暴利。这种行为，毫无疑问，他违背了微商的本质，丢失了信任，这种微商肯定无法长久。我经常和一些对微商感兴趣的朋友做交流，我问他，你认为做微商产品什么最重要？绝大多数人都会告诉我，品质非常重要。而事实是，通过我们刚才的分解和分析，用户真正需求的不是品质无限好，也不是价格无限便宜，因为便宜还有比你更便宜的，品质好还有比你更好的，不要被骗，才是用户最急切，最重要的心理追求。——因此，真实，才是最重要的。

我们能够做到的也只有是真实，只要有人告诉你，他卖的东西，是世界上最好的，那他一定是骗人的。微商，是个人社交链上的商业形态。因此，解读微商本质就必须分解个人社交链和个人社交圈。个人社交圈在现实生活当中，分三层：亲人、密友、朋友（熟人）。但是随着网络社交的兴盛，我们的个人社交圈里面，还有一部分，它属于陌生人，我们在QQ或者微信的好友里面，经常会有好多人是不认识的，我们不知道他是男的还是女的，他是干什么的。网络社交为我们提供了无限可能，我们可以通过网络找到女朋友，找到老婆，找到老公，可以让本来和自己毫不相干的人，变成熟人，互联网让我们与陌生人搭讪变得非常的简便和非常的容易。

在20世纪60年代，一位美国心理学家就提出了一种社交理论，叫六度人脉，所谓六度人脉是指地球上所有的人，都可以通过六层以内的熟人链和这地球上任何其他人联系起来，通俗的说，就是你和任何一个陌生的人之间的间隔不会超过六个人。也就是说，只要你愿意，你最多通过6个人，你就可以结识世界上任何一个陌生人。

那么如何打通这个六度人脉的脉呢？我总结，主要有以下三种方法：

第一广泛参加线上的群聊、社区论坛，以及现在腾讯在QQ上刚刚推出的兴趣部落，等各种网络集群的社交场所。

第二就是广泛参加线下聚会，积极组织线下聚会。

第三就是修炼自己的文笔，让自己在QQ空间和朋友圈，发布的信息内容，能够广泛地被好友转发分享，简单来说，这个六度人脉的“脉”在哪里？哪里人多，就在哪里，你在哪里说话，能够被更多的人听见，这个脉就在哪里。你在哪里表演，可以被更多的人看见，这个脉就在哪里。只要你愿意，你就可以认识全世界的人。

微商行销的目标，毫无疑问，跟所有的行销目标是一样的，无外乎就是多卖货，多赚钱，微商所有的日常工作当中，无外乎就是达成以下三个目的：

第一个目的就是让更多的陌生人，变成熟人。

第二个目的在某个领域，树立自己的专家和内行的行家身份，或者是优势地位。

第三个目标，就是塑造自己的个人形象。

只要干好这三件事情，即使不做微商，财富也会随之而来。

这个里面，我们来做一个小小的分解，第一条比较好理解，微商是熟人的生意，熟人越多，肯定这个生意越好做。

接下来我们来看一下第二条，行家身份，就是表明你在某个领域，是否内行，比如说我自己，如果我跟大家聊营销，聊微商，可能还会有人坐下来好好听一听，但是如果我跟大家聊美容护肤，可能很多人根本就不搭理了。是否内行，决定了你说的话可不可信。除了要成为内行，确认自己在某个领域里的优势地位，也非常重要。

那么接下来的第三点其实也非常重要。比如说即使我们在朋友圈拥有很多的熟人，但是光熟悉没有用的，如果大家都认为你不可信，大家肯定也不会找你买东西。

下面这个话题，我们明确的是，微商如何干，可以干得更好？

微商行销两大技巧，第一个技巧，培养用户习惯。

第二个技巧，制造圈内流行。

制造圈内流行，我们要从关键人物入手，那么关键人物，一般具有以下几个特点，一是性格开朗，人缘广，比如说这个人特别爱得瑟，到哪儿买了个东西，喜欢到处讲，在微信朋友圈，特别爱秀，喜欢秀孩子，秀美食，秀照片等等，我们要在朋友圈寻找具有这种特点的人。

第二种是对我们产品具有强烈需求的人，这种人与我们的产品的功能、功效，非常契合，比如说他正好有便秘，有口臭，有肠胃不好，皮肤干黄脸色差，那么像这种人，对芦荟的产品需求量一般就会比较强烈。只要我们把有这种需求的人找出来，这些人就会对号入座，引起关注。

第三个特点，就是比较轻闲，不是太忙，他们整天逛街、扎堆，打麻将，没事总爱东家长、西家短，没事喜欢聚会，闲着没事干，那么这种人，最有可能替我们去传播分享。

那么第四个特点，就是有领导力，他会成为这个圈子里面的消费风向标。我们抓住这一类的人，也是很容易制造成圈内流行的。这两个技巧，第一个技巧讲的是如何让同一个人尽可能多，无限次、多频次地买。第二个技巧，讲的是如何让更多不同的人都来买。

做微商能给我们带来什么？第一用心交友，财富随身而来，能够得到冠军的球员，脑子里想的一定不是奖牌奖金，而是他发自内心喜欢踢球。微商的本质是社交，只有热爱社交的才能做好微商，一边玩，一边交朋友，一边赚钱，乐在其中，财富随身而来。

第二，广结善缘，改变人生。广结善缘，可以让我们的人生处处充满惊喜，无论是否做微商，朋友多了路好走，得道多助，失道寡助，广结善缘，通过做微商，有目的重塑自己，可以让自己的世界发生神奇的改变。当你想办一件事的时候，你会发现，全世界都会来帮你。

按照这样的理解，蒋宪彬再次推动自己的商业模式转型。经过无数次的人生起伏跌宕，创业命运转折，蒋宪彬终于摸到了最正确的那把钥匙。

让人吃惊的是，此时蒋宪彬并没做微商，却能把微商的本质看得如此缜密透彻，为什么？答案一句话：“只有万分努力，才能毫不费力。”

第四章

起飞需要多少努力积累

归农创始人蒋宪彬有三大愿望：一是全力助农、兴农，让农户有一份合理体面的收入，让务农成为令人尊敬的职业；二是推行自然农法，让土地不再沙化板结，永续生态循环，让普通消费者消费得起生态天然的产品；三是提倡友善的商业文化，包容、互信、互利，反对崇洋媚外，反对肤浅盲从，化解买卖对立，让消费者参与企业经营，成为企业品牌的主人。

社群积累：让某个不变的东西转得更快

一切都清晰了，蒋宪彬将向社交电商转型，具体说是向微商转型。但选货成功才能转型成功，选货仍然是最关键最棘手的问题。之前的货，有机大米太贵，芦荟果丁熄火，没有销售稳定的产品来支撑，一切都是空想。但他不会灰心。一个清楚看见未来并且行进在未来道路上的人，怎么会对未来丧失信心？对他而言，未来已来，因为从此刻开始，他所做的都是为未来而做。

……他在推一个飞轮，这个巨大的铁质的飞轮非常沉重，要推动它转起来，异常艰难。他使出浑身所有力气，手推，肩扛，飞轮开始一点一点缓慢地转动，不能停，不能松懈，咬紧牙，持续推动它，继续手推、肩扛，它在转动，但是，它还是那么沉重……

这是蒋宪彬做的一个梦。

有一天他看了一篇文章写“飞轮效应”，说万事开头难，最关键的开头阶段咬牙坚持下来，飞轮就会凭着本身重量产生的惯性，越来越快地转动，后面推动起来就越来越轻松。但是99%的人都失败了，都是在开头难阶段被打垮，被自己稍逊的意志品质所击败。

晚上，他就做了这个梦。就在他异常艰难地推着飞轮开始转动时，他突然醒了。

坐起来，在黑夜里点燃一支烟，香烟明灭，陷入了沉思。

他想起了另一个截然相反的故事，希腊神话里的西西弗斯要将一个巨大的石球推到山顶，每每即将大功告成之时，他都力竭松手，石球滚到山脚，他又不得不重新开始推，一次次重复……蒋宪彬觉得，之前他就像那个西西弗斯，无论做鞋、内衣、大米，还是芦荟果丁，还没推到山顶就失败了，问题出在哪里？出在所做一切的核心就是卖产品，一旦产品失败，就一切归零。

现在，他要换个玩法，他每推一项产品，都要使某个不变的东西转得更快，就算某个产品失败了不做了，整个付出也不会归零。那个不变的东西，就是用户的认知。他记得《基业长青》有一句话，“优秀企业经营的不是产品，而是组织本身”。这个组织，就是自己的会员体系，就是会员的心智，用好的产品，让每一个会员都在自己的朋友圈里发动更多的会员来认同并倾心于这个产品，进而倾心于归农，这个组织就会像飞轮一样高速转动起来。

让会员真正动起来，不光要有利益，更重要的是要让他们懂产品，从“不知道”变“知道”，懂产品，才能统一认知，才能“天下归心”。而且，只有内行才能把事持续做好。

2015 年，蒋宪彬开始用新的营销方式卖新的货。他开始用做内容的方式卖精油。植物精油是什么？有哪些种类，各有什么作用？消费者并不是专家，也不懂，不懂就不敢买。蒋宪彬也不懂，但是他会去学。在 QQ 群里对所有会员进行内容讲解，介绍关于植物精油的所有知识，说，植物精油是被称为液体黄金，是植物的灵魂，是从植物里提取的芳香性挥发物质，用于芳香疗法，可保健按摩，可香薰，可护肤，提神醒脑，是小资情调生活的一种象征，比如有玫瑰精油、檀香精油、桧木精油、熏衣草精油……

“其实，美好就在身边。”他对作者说，“许多人并没注意到，身边大自然的东西，看上去很普通，其实充满无限力量，比如葡萄皮和籽，含有大量的花青素和白藜芦醇，却被扔掉，比如紫苏，叶子有许多保健功能，也含花青素，籽可炼油，油可抗癌等。它们不是保健品，只是普通食品，但是具有保健功能。生活中这类植物数不胜数，但人们并不知道，却盲目地追捧着那些工业化制作的食品和所谓的高科技产品。”

他对会员说，事实上，人本身就是从大自然、从森林中走出来的，人类的基因中饱含着对森林的记忆，回到森林，回到自然才是最健康最完美的生存状态。植物精油就是从森林里气味独特的植物中提炼出的液体精华，它的气味和物质信息，能瞬间激发人体对此种气味的美好记忆……

类似的这些观念和发现，与日后归农的理念完全契合。蒋宪彬的归农主张越发清晰。

讲这些，就是讲内容，就是内容营销，就是将产品的所有知识和相关的所有信息、延伸出的种种话题，在交易中或者交易前介绍给用户，让他们从不懂到懂，从外行到内行，从小白变达人。只要确实是好产品，就会有足够深厚的知识和故事可讲，会员深入了解就能深深爱上，就能改变认知，凝聚心智，成为忠实的拥趸。

一个手机，就可图文并茂，甚至用视频有声有色地传播无限多的信息，尤其商城平台就在手机里的时候，大量深度图文内容就可与产品页面相匹配，消费者就能同步对产品作全面了解，就能立即决定是否下单。换言之，在移动互联平台上做营销，你若不是产品全面知识的内行、专家，你只能两眼一抹黑，是卖不好货的。

更重要的是，每个人都是移动互联网上的一个连接点，每个人都是传播的中心，会员通过手机网络向自己的好友推介分享之时，必然对内容进行二次传播，而且会很自然地将自己对产品的亲身体验和理解、感受植入传播内容中。由于朋友之间有天然的信用和信任，用户之间就容易共鸣、接受，这使扩大传播和销售变得更容易。

好产品才是杀手锏

移动互联时代的社交电商，几乎是这个时代商业形态最前沿的选择。2015 年 4 月，蒋宪彬带领包括朝英姐在内的全国各地 13 名最早的会员，到云南元江参观芦荟，会上他同会员们商量如何让蕙芷庄园转战微信，其实是做战前动员。回上海之后，他立即注册了微信公众号，正式开启“蕙芷归农”项目，把 QQ 群里的人移到微信群里，开始转战微信，同时确定了一个很动人的口号，“一切源于天然，真实高于一切”。

朝英姐回到成都，将自己闲置的一套房子装修成工作室，准备大干一场。

又一个新产品开始了。2015年7月，蒋宪彬开始在微信群里推广蜂蜜。他带着全国各地的主要会员去了崇明岛和浙江兰溪的蜂蜜园实地考察。考察一方面是为消费者把关产品，一方面是眼见为实，现场见证，同时分享关于蜂蜜的知识，一切都从零开始传播内容，每天晚上分享，蒋宪彬和胡涛分别讲。

现场考察和知识分享相结合，文字、图片和视频等内容四下传播，是最有说服力的广告。

朝英姐觉得产品真不错，把自己的朋友、同学都拉了进来，朋友同学也觉得产品货真价实，品质很好，也介绍给自己的朋友同学，覆盖面越来越大。

来自四川自贡的会员春燕说，“我每天晚上认真听，做笔记，第二天上班路上，再听一遍，遇到不清楚的就问，蒋大（归农人对蒋宪彬的昵称）、涛哥（归农人对胡涛的昵称）总会不厌其烦地讲解。就这样把学到的知识加以运用，慢慢地我入门了，逐步从一个外行，成为内行，再到后来经过培训成了社群里的营销导师。”

春燕 2015 年 5 月经朝英姐邀请加入归农，用了三个月的时间学习，包括产品知识，生态养生理念，还有“社交电商这个闻所未闻的网络营销新模式”。“2015 年的蕙芷归农刚建立，没有现在这么好的条件，那时会员要自己建微店，我们自己上架产品，编辑产品页面，因为白天要上班，晚上学习，每天过得非常充实，原本平淡的生活，开始有了几分色彩，简单的事情就这么重复做，慢慢地我懂得比别人多一点，重复的事情用心做，逐步得到更多消费者的认可……”春燕说。

精油、蜂蜜作为主推产品各做了一波之后，2015 年 9 月，蒋宪彬开始第一次做水果：菠萝蜜。在此之前，他还做过花草茶、酵素等。

酵素是蒋宪彬帮大学同学销的底货。2015 年酵素概念正火，市场价很贵，他一个同学建了一个网站卖酵素没卖掉，就以成本价的一半给蒋，蒋心想，“按他的成本价卖我也能赚一半，乐得捡笔钱”。双方谈定，货还在同学手里，蒋宪彬就开始卖货了。

他知道，产品在市场上呈抢购之势时，快速出货的方式就是卖堆头。他先在 QQ 群里预热关于酵素的相关知识，酵素好到底是什么原理，然后把同学做的图片、产品介绍发布到 QQ 群里，给出一个低于市场价不少的价格政策，8000 多盒一天就卖光了。收了钱之后，他再通知同学发货给他，一点风险都没有，“搞得我们自己都很佩服自己”。

显然，一年多以来蒋宪彬在QQ群里“养鱼”做流量池，取得了初步成效。

之后蒋宪彬在刚建的微信群里卖花草茶，100多人的微信群一个月卖了5000多盒，而一个朋友用有18万粉丝的公众号卖同样的花草茶，一个月只卖了1000盒。为什么？一是蒋宪彬擅长做内容，二是朋友一盒一盒卖，每卖一盒给一个人，就浪费一个本来可卖5盒甚至更多的机会，20元一盒还包快递费，一盒一盒卖就不赚钱。蒋宪彬5盒起卖，卖的速度是朋友的5倍，运费又和一盒一样，所以朋友卖1000盒他可卖5000盒，自然又快又赚。

“这就叫单个用户价值最大化。”蒋宪彬对作者说，“最大化的深层次原因是什么？首先是信任，日久见人心，就算只是在QQ和微信里聊，聊的时间久了，你也会感觉到我是个非常真诚、实在，很质朴的人，有点不修边幅，也就不装、不作，接地气，就像邻家大哥。没有面具，每个人都可以看到我真实的内心。所以群里的会员信任我。

“然后，我天天陪他们聊花草茶，上品饮茶，极品吃花。我们聊这种很小资、很有逼格的一种生活，把所有人的小资情怀调动起来。用一个杯子，泡一点洛神花茶，泡出来的颜色像红酒一样漂亮。再放一点玫瑰花进去，有玫瑰花的香味，再放点蜂蜜，好喝又漂亮，然后搞一个漂亮的杯子，搞点摆件，很美的感觉。然后拍个小视频，一传播，你说，我们这些会员，多数都是有钱有闲的小资女，因此很受认可。我们再对花草茶做分类、配对，20多款花草茶，要去火用这个花加那个花，要美容又是这个花加另一些花，胃寒胃虚的又怎么样，不同的人配不同的组合，我们给会员们这样讲解，会员们学过去，又给她的客人讲解，一环扣一环。

“既有功能性诉求，又有逼格，这种喝法，就是小资情调，慢生活。加上这个群里我们有信任度有强粘性，5盒一卖根本没问题。朋友的公众号没有互动，没有生动的交往，你让他掏钱人家会犹豫，买5盒？你让他买一盒他都心里打鼓。”

这是什么营销？当然是内容营销，沟通的整个信息是内容，用于传播的这个视频也是内容。当然也是一种场景营销，这个视觉场景，大大吊起了消费者的品位追求，甚至吊动了味觉，未临其境而如临其境。

这些都做过之后，2015 年 9 月开始做第一款水果：菠萝蜜。

2015 年 8 月，蒋宪彬一位学长的弟弟从海南到上海开拓菠萝蜜市场，朋友介绍朋友，坐下来一聊，发现海南 8 月份菠萝蜜产地收购价才 1 元一斤，上海超市剥出来的果肉 39 元一斤，而两斤毛重可剥一斤果肉，这样果肉的成本也仅仅 2 元一斤。蒋宪彬一听，超级划算，9 月份就杀奔海南，张罗菠萝蜜。从此，他开始接触水果，开始了酸甜苦辣、悲欢交集的水果生涯。

随后，蒋宪彬关于菠萝蜜的宣传文章在《海南日报》刊登了出来，发到群里后，会员很踊跃。但是菠萝蜜很大很重，最大的 100 多斤一个，通常也有 30 多斤重，剥出果肉来十几斤，一个家庭要不了这么多，怎么办？

当时蒋宪彬和胡涛就想了个办法，众筹，让会员发动隔壁邻居，两三家人凑起来买一个，“这菠萝蜜很好吃，我们准备买，但是很大，一家吃不完，要不我们两家拼一拼？”这样，天然的社交圈分享被不露痕迹地发动起来了，一下把人拉了进来，这其实就成了团购，类似拼多多。所以归农的营销手段，千变万化，不拘一格，线下社区收单，线上社群营销，同时进行，微信群就扩大了。

收到货后搞活动，比赛剥菠萝蜜，蒋宪彬想起山东人有“杀冬瓜”之说，把它叫做“杀菠萝蜜”，每家用小视频录了上传，看谁时间短，剥得多。群里顿时欢声笑语，热闹非凡，家家户户挤在一块儿看微信群里别人家和自己家“杀菠萝蜜”的视频，大人小孩，又玩又吃，开心极了。这一刻的生活有滋有味，体验感非常好。后来，蒋宪彬把这总结了一句话，做营销“认知要简单，体验不怕复杂”，一眼就认定产品好，喜欢内容，但是切身体验是一个过程，复杂才会有趣，才会印象深刻。

为什么人们喜欢吃火锅？除了味道好，一个重要原因是，自己动手一片一片下锅烫熟是一个复杂的体验过程，它和美好的食欲味觉联系在一起，这一体验过程就是美好的。

菠萝蜜果肉剥出来了，还有一大堆与果肉附着的丝，也可以吃，怎么吃？炒菜吃。果核白水煮熟，味如板栗。又是两种好玩好吃充满新鲜感的体验。

推菠萝蜜，成功运用了体验营销，不到200人的微信群，卖了一万多斤菠萝蜜。

蒋宪彬从菠萝蜜开始接触水果，虽然单子不多，但是整个过程具有里程碑意义。从此，蕙芷归农开始用这种方式销售农产品，之前大米、精油、芦荟、花草茶，好歹属于深加工产品，现在发现，可以直接卖初级农产品。

发现人的价值：归农社交电商“流量资产论”

本书内容如抽丝剥茧，将逻辑层层推进。最核心的产品经营思路稍稍理顺之后，接下来，另一个重点要理清理顺的，是人，是消费者，或者说，是会员。因为经营企业就是经营一个组织，经营组织就是经营人。对企业而言，产品只是工具，是桥梁，人才是目的。

不管线上还是线下的商业，经营人都是经营流量池，品牌就是流量池，做大了，各类产品自然就来了，归农的逻辑也一样，有了好产品，才能把人吸引到流量池里来。产品与流量，二者互为表里，相辅相成。

此时，蒋宪彬已正式注册了“归农”商标，聚焦农产品。之前QQ平台上的会员增长缓慢，之后微信平台上的归农会员却在倍增，原因是，微信更符合移动互联的时代精神和工具特征，它的生活化应用更是时刻都在彰显“每一个人都是世界中心”的移动互联网本质。

此时，时代大势滚滚而来，已经把商机赋予了种种移动社交网络平台，无数为赚暴利而加价分销的传统微商（囤货微商）和蒋宪彬所秉持的价格统一的微商，都在最大化地挖掘人的朋友圈价值。怎样最大化的挖崛每个人作为“中心”的价值，挖掘人与人之间所存在的商业机会？蒋宪彬专门写过一篇文章，《揭秘归农：为什么你的通讯录价值10亿？》

一个微商面对微信好友直接做水果零售，我测算，5000好友的微信号，一年盈利10万元—25万元，没有问题。当然，前提是，这些好友高度精准，全是信任他的真正的好友。但我们大多数人通讯录里的人与自己都是从未发生过交易的人。大多数干“微商”的，加好友基本都是混群、地推、建红包群、附近的人等方式。这种来源的好友，精准度很差，不是真正的朋友，价值不高。

那么，一个满5000好友的微信号，到底价值多少呢？如何挖掘这个里面的价值呢？

首先，我们必须明确一点：微信的本质是一个社交工具，而不是营销工具。如果微信通讯录里有5000好友，我们的首要任务是：把这5000个人，变真正的“好友”——即：通过社交互动聊天，变成真正相熟相知的朋友！做到这一点，好处是什么？好处是：这5000个人都知道你是谁，你是男还是女，多大，你家在哪，你是做什么的，甚至还知道你家有哪些人，父母孩子长什么样，家里的厨房客厅是怎么布局的，你家小区环境怎么样……通过这些接触，真正的结果是：你收获了“信任”。

在强关系圈子里面，天然存在信任，但是，不可能5000个好友都是强关系。要想在陌生好友圈里构建信任，第一件要做的事是：换一个真实的头像。光明正大地做事做人，连个脸都不敢露，不至于吧？

以上所述，结论：信任是无价宝。信任值多少钱？无上限。

我有两个微信号，一个通讯录满5000人了，另一个3000人左右。归农现在的会员，都是从这两个微信号通讯录里的人延伸、裂变出来的。裂变是什么意思？用六度人脉理论来解读即可。

所谓六度人脉关系理论，是指地球上所有的人都可以通过六层以内的熟人链和任何其他人联系起来。1967年，哈佛大学心理学教授StanleyMilgram创立了六度人脉理论，通俗地讲：“你和任何一个陌生人之间所间隔的人不会超过六个，也就是说，最多通过六个人你就能够认识任何一个陌生人。”这是一个已经很流行的概念，每个个体的社交圈都不断放大，最后成为一个大型网络。这是社会性网络的早期理解。后来有人根据这种理论，创立了面向社会性网络的互联网服务，通过“熟人的熟人”来进行网络社交拓展。

按平均值算，一个正常的微信用户，通讯录里的好友大概有300个人。

这300个人每个人的通讯录里也有300个人，6层关系，是多少人？

300

300×300=9万

9万×300=2700万

2700万×300=81亿

……

注意，全世界只有70多亿人口。也就是说，通过六度人脉，我们任何人都可以依靠这种人际关联，找到任何一个人、办成任何一件事。

这只是理论，实际呢？实际上，我们需要找到一件事，以一种合适的方式、方法，让通讯录里的每一个人都愿意围绕共同一件事，开放自己的通讯录，把自己的圈子人脉全部调用起来，都成为你的会员，消费你的产品，收入可想而知。

以上所述，结论：社交裂变，价值无限！

一层层撬开更多人的通讯录，从电商的角度看，这是引流手段。支付宝也在干这件事，转发红包让好友领，别人领了用了，你就能拿到佣金，即用佣金刺激人们尽可能多地向朋友传播下载支付宝。拼多多拉人拼团享受拼团价，1元拼苹果手机，这些套路也很常见。从媒体运营的角度来看，这是社交自媒体天生的传播模式。

撬开别人的通讯录，发动“传”，在经济、文化、生活中都是非常常见的事。只要我们能做到，那我们每个人的通讯录都潜藏着无限价值。如何做到？同时还要确保合情合理合法？我们的方法是—“归农”。

为了撬开更多人的通讯录，我把这些有效的因素都综合起来，有趣、有爱、有料还“有赚”，合情、合理还合法，这就是“归农”！

归农所做的事，其实就通过“熟人的熟人”进行网络社交拓展，它是社会交往所产生的价值，所以蒋宪彬一直认为归农是一种社交电商，并非传统囤货微商。

其实归农是这样一个平台，每个人利用归农的模式，把他自己的能量（影响力）辐射出去，呈现一个商业的具体形态，从中得到价值变现。任何人都有朋友，都有这样的一张网，邻居、同学、同事、朋友，这些网络谁都会有，如果不利用，就成了“闲置资源”，善加利用，他们会转变为你的优质资产。但是为什么在归农平台上，有些人挣钱快，有些人挣钱慢？

首先你要进入手机上的社交网络里去，其次你要拉动这个网络。因为这个社交网是无数个点组成的，你要通过具体的“事”（归农或归农产品）把这个网里所有彼此之间的关系链接起来，还要能够“提纲挈领”把它拉动起来。“纲”是拉鱼网的那根主绳，“领”是衣领，“纲领”就是归农的会员利益、情怀和社会责任。显然，你不通过“事”来发动，这一层层的关系网肯定浮不出水面也拉动不，你的人脉圈的流量资产就处于静默状态，是混乱的、潜伏的，是不可利用的混沌状态。你必须用一件“事”，去“提纲挈领”。

具体的拉动方法，就是前面说过的六度理论，六度理论其实是倍增模式，事实上蒋宪彬认为，三度人脉就足够有效。每个人的朋友圈，都像城市主干道一样至少有内环、中环、外环，有“三环”，内环是你自己的朋友，可以直接找到的客户，中环是朋友的朋友，外环是朋友的朋友的朋友。这三环，就会让每个人形成“800 万流量资产”。他解释说，平均每个人的微信朋友至少有 200 人，这是内环，看上去你只是认识这 200 个人，但其中每个朋友又有 200 个朋友，那么 200×200，就是 4 万人，这四万人就是中环，中环之中每个人又有 200 个朋友，那么就是 4 万 ×200，就是 800 万朋友，即 800 万流量，这是你的外环。

过去无论是实体店、淘宝店，你要找到这 800 万客户，比登天还难，要付出巨大的广告成本和时间成本，现在你只要通过手机通讯录上的 200 个人，转手两下就可以找到 800 万客户，他们都会成为你的用户。就看你有没有一件“事”，而这个“事”，一定要是这 800 万人都感兴趣的。什么样的事这 800 万客户会感兴趣？有料、有趣、有爱、有赚的事。

把拓客成本与信任成本降到最低

蒋宪彬认为，与社交电商的这种低成本拓客方式相比较，传统零售业和传统平台电商要获得800万客户流量，则是一件代价极高的事。

传统零售的模式，从全国总代理到县一级经销商的招商，到2000家左右经销零售网点的建立等，需要投入大量的推广费用，因此渠道成本很高。同时，为了保证层层加价分销直到零售商每一级都有足够的钱可赚，产品必须有巨大的利润空间，零售价必须是厂价的十几倍甚至数十倍，那么，就必须打造成强势品牌，必须广告轰炸，必须全国推广，只有这样知名度美誉度才够高，覆盖面才够广，价格空间才能上去，整个价值链才能形成闭环，800万客户流量就才能实现，销售额才会足够大。而且打了广告，消费者不一定信任你，最多熟悉了你，所以厂家还需要借势，以明星代言、公众人物说话等方式帮助你获得信任，总之大规模的广告轰炸是必须的，费用都还得加到零售价里。

为了建立消费者的信任，厂家必须煞费苦心打广告打品牌，信任成本是非常高的。

这意味着，商品的价格已经远远高出了实际价值，招商推广和广告轰炸出的品牌影响力，拉开了一个虚高的价格空间。

这就是传统零售业品牌营销必然遵循的市场逻辑，它一定会出现在信息不对称时代。

信息不对称带来的价格虚高，卖方必须刻意隐瞒，买方则会普遍怀疑。在绝大多数传统的商业场景内，双方天然地不信任，买方本能地认为卖方有欺诈之嫌，双方讨价还价，总是在博弈，最终双方一定会呈现“买卖对立”的状态，双方的交易变得十分困难。

但是，随着信息科技的高速发展，随着移动互联网和社交网络平台的普及，每一个人已经成为互联网的一个IP、一个链接点，信息也随之变得对称和透明之时，产品本身的价值也越来越透明了，一旦透明，品牌附加的虚高价格空间不再是秘密，消费者就不再愿意买单了，人们“只买对的，不买贵的”，加之平台电商和移动社交电商的普及以及价格相对便宜，传统零售业就越来越难做。

传统的平台电商也遇到了越来越大的困难，以往的电商拓客方式靠广告引流，按照广告导流算下来，比如平均2元钱一个点击，你要获得800万客户流量，那就需要投入1600万元的广告费。显然用广告买流量，拓客成本太高。

而社交电商拓客，根本不需要投入广告，如上一节文字所述，每个人自带800万流量资产，只要你在移动互联社交平台上，只要你有朋友圈，用一条或者多条有爆破力的“内容”，就能把所有朋友调动起来。因为在社交圈中，至亲好友、发小同学之间，是天然互信的，只要你认为某款产品好，朋友就很容易相信。社交电商推广产品的信任成本就大大降低了，推广变得容易，所以你的朋友很容易成为你的商业合作伙伴。归农即因此降低了拓客成本和信任成本。

别的电商是商户在上面打广告买流量销货的一个平台，流量资产是平台的；归农则是个人用户在上面经营其个人流量资产并变现的一个生态系统，流量是用户个人的。在归农，理论上你的三层朋友圈形成的800万流量资产永远是你个人的，你可永久地在这个系统里实现资产变现。

这就是社交电商与传统零售业、传统电商平台的本质区别。朋友间的信任，成本为0，显然，用移动社交自媒体在朋友间传播产品信息，天然地具备趋0的成本优势。这就解释了为什么归农的商品价格普遍低于其他同类商品，比如小台芒，在归农39元可买10斤，在实体商超39元只能买4斤。

这就是归农的品牌理念之一，“让价格回归价值”，让所有事物都真实地呈现其固有的价值。“推崇自然农法”是归农的品牌理念之二，目的是让消费者能吃到、用到更健康更安全更实惠的产品。

尤其移动互联网普及以来，商人可以让消费者的需求不走样地传递给生产商，营销管理学中那个著名的“啤酒游戏”就不再是问题了。“啤酒游戏”说，零售商需要卖一箱啤酒，但为了周转备货于是向批发商订了两箱，批发商想当然地认为零售商既然可卖两箱，生意稍好一点可能卖三箱，于是向厂家订了三箱，厂家则至少要生产四箱啤酒作库存周转。最终，在零售商的时间点内，他只能卖出一箱，其他三箱就过剩了……

西方国家历史上的经济危机，简单地说就是这样产生的。信息链过长，导致不透明和传递走样，最后两端对信息的理解迥然不同，因此总是出现生产过剩、丰收成灾等现象，成为传统商业的痼疾，信息最不发达、调整周期最长的农业尤其如此。某年某种产品好卖，来年其他农户一窝蜂似地涌去种植此种作物，必然导致产量过剩，价格大跌，必然出现“物贱伤农”的现象。

这种情况，表面看是农民热情过头种植过量，商家铺货的区域市场需求不足，导致滞销，但是从全国范围内看需求通常又远未满足。因此，农产品的销售覆盖面，一定是越广越好，但是这要求商人能够低成本高效率地实现全国市场覆盖，并且能准确收集全国市场需求信息，无时间差地、不失真地传递给生产农户，实现“反向定制”“按需定制”。

——非常明显，这样的要求，传统商业实现不了，电商平台也实现不了，唯有归农这样的社交电商，可以实现。

因为，前面我们已经充分论述，归农已经成为移动互联网生态的一部分，已经一体化，归农的信息具备移动互联网的所有特征，无时间差，无空间差，来自全国所有会员消费者的任何信息，都可实时收集，实时作出准确的市场判断，根据会员的实际需求，第一时间向农户定制产品。同时也可第一时间将农户的产品信息传递给会员，喜欢的会员可以立即众筹。因此归农的产品，量大且勿需广告，具有天然的成本优势，消费者获得的性价比很诱人。

这是一种理想状态，它基本可使全国各地分散的消费者同某个区域的农户，实现无缝精准连接，实现信息的最快速触达。因此商人有一个重要职责，是调配社会资源。

正因能调配社会资源，归农才能低成本地精准选出最适合于消费者的产品。

农产品上行之“道”：社群 + 社区

至此，蒋宪彬的思考已经很深入了。但需要好产品，来证明蒋宪彬思想的正确和先进，推动归农发展。选出好产品，仍是当务之急，但真正的好产品，太不容易找到，蒋宪彬只有一个一个地试。江西老家泰和的乌鸡蛋是不错的地理标志性产品，2015 年国庆节，归农安排了两辆车，拉了公司七八个人到江西泰和县考察乌鸡蛋。那时微信群里只有 200 多人，结果两天时间，卖了 1500 多单共 2.8 万枚乌鸡蛋。“那个时候，我们把单个会员的潜能几乎发挥到极致。”

因为他把乌鸡蛋的益处讲透了，花了大半个月的时间，天天在群里说乌鸡，重冠、丝毛（身上长的不是羽毛而是细细的毛）、乌骨、乌爪、绿耳、八须、毛爪，而且神州 3 号宇宙飞船还搭载了 12 枚泰和乌鸡蛋作实验，落地后，这 12 枚蛋孵出了三只小鸡，这个牛气的故事证明，泰和乌鸡作为地理标志产品是相当具有物种代表性的，它在科研方面的重要性不言而喻。又比如，三年的老乌鸡仍然只有两三斤重，要卖一千多元一只，这个产品，药食同源，除了乌鸡白凤丸，泰和当地还产乌鸡酒，销往全国……蒋宪彬就这样给所有会员讲关于乌鸡的内容，搞内容营销。

然后，创造了奇迹。当时其他电商平台上能搜到的泰和原种乌鸡蛋价格，销量最好的都不到 100 件，而归农不到 48 小时，爆卖 2.8 万枚蛋，收单 2000 多件。归农再次用数据证明，基于社交网络的营销，已经呈现出巨大的威力。

但是乌鸡蛋最终出了问题，“由于会员要的数量太大，我们找了十几家养鸡场才凑够数量，没想到最后那家养鸡场发货的时候，请工人打包，鸡蛋防护内衬垫子只装了下层，漏了上盖。500 盒蛋运输途中全报废了，只好将钱如数赔给会员。最后，乌鸡蛋这个项目很成功，但却亏损得厉害。”

乌鸡蛋之后，又做了大闸蟹。组织会员去了一趟产地考察，然后开始输出大闸蟹的知识内容，没想却被供应商忽悠了，出了问题。归农第一次做螃蟹，不知道螃蟹大小规格不同，价格相差巨大，致使供应商违约。按照契约精神，该赔付的赔付，规格不足，退一半金额，甚至全额退款以示诚意。但是，这一次，归农伤粉了，许多用户无法原谅，再也不到归农下单。

那时候，产品少，就算没赚钱，归农也一个产品一个产品全力以赴，每次都能卖很大的量。但是因为缺乏足够的经验，仍然走了很多弯路。

2015 年 12 月，蒋宪彬的一位朋友介绍归农做云南昭通的苹果，朋友说，“我们这里的苹果很出名，很好吃，却大量滞销卖不出去。”蒋宪彬试了试确实好吃，使劲一推，三四天来了一千多单共计一万多斤苹果。结果当地三五户果农量凑不齐，一个村还凑不齐，只好到不同村去要货，“真是搞死个人”，后来出现好几个打包点，装箱的大妈大姐把好的、不好的，只要她们认为能吃的，统统往箱里装，结果第一批发出去大量很差的果子，而且拖延了一个多月才发完货。

本来昭通苹果就是出了名好吃但很丑的苹果，这样就更丑了。很多人收到货，家人一看来气了，“你被洗脑了？买这么难看的苹果，明显是别人卖不掉的拿来塞给你！”直接当垃圾扔了……

由此蒋宪彬越发强调，是人的心理在改变现实，他认为“认知大于事实”，人对外界的认知比事实本身对外界的影响还大，因为人会按照他的认知去改变世界，即使人们的认知完全违背事实，人们仍然会固执地认为他们的认知符合事实并以此指导行动，所以人类历史上才会有无数荒谬的事件发生，而荒谬的生活琐事更是层出不穷。

你会发现，现实总是朝着认知的方向发展的，“现实是由认知决定的”。

昭通苹果看了一眼就被认为不好吃，它即使再好吃也只能沦为垃圾。但人们就是这样，不会首先想这个东西是不是更天然更健康，视觉的第一反应是，好看，还是不好看？现实中太多的人在水果店买水果，首选好看，好像水果是用来看的，不是用来吃的，这就本末倒置了。

这说明，人总是生活在谬误之中而不自知。人们并不了解生活的本质。

蒋宪彬把这一切看得再透彻，市场不买单，那还是个问题。他不得不承认，乌鸡蛋、大闸蟹、昭通苹果接二连三出问题，让他有点发懵。他想，运气没有这么差吧！又搞湖南祁东县的菱角，这次真出了问题，不新鲜，臭了！赣南脐橙好吃，但不是果小，就是皮上有疤，不是擦伤，就是果病斑，太难看了，发出去的货反馈实在不行，只好将几百箱已经打好包的全部拆掉，把差的挑出来……

还有一次，也是赣南脐橙，小个才好吃，结果当地人往箱子里装大果，七八两一个，果肉水分已开始干了。“没错，是赣南脐橙啊！”对方说。

——接二连三地出问题，蒋宪彬脑袋都大了。一边折腾一边思考的他终于想明白，方向虽然正确，但现实确实太残酷，生鲜产品是行业公认的世界难题。全球电商巨头亚马逊投资的美味七七，不是也没多久就宣告停业倒闭了么？与农民打交道很难，把天然长成，无法标准化的产品卖给千差万别的无数消费者让他们满意，这就更难了。

深入调研之后，蒋宪彬在他的一篇文章《社群+社区：农村电商的“上行”之道》中，分析了阻碍农产品“上行”的深层次原因。

第一，价值透明，营销方式层次低。农产品普遍技术含量低，产品同质化严重，消费者对产品的表面“价格”一眼能看穿，深层次的价值不容易被感知。价值透明、价格敏感度高，导致商户没有足够的利润空间用于营销推广，陷于低层次的价格战。农产品的品牌，目前大多数是“地域品牌”，比如赣南脐橙、新疆灰枣、民勤蜜瓜、昭通苹果、泰和乌鸡、五常大米、阳澄湖大闸蟹、高邮鸭蛋……但是地域品牌是公用品牌，同一地域的商户之间仍然是同质化恶性竞争。由于临近周边地域的水土气候环境相差不大，品质相差也不大，比如，把兴化的螃蟹运到阳澄湖去假冒阳澄湖螃蟹，把广西、湖南、湖北的脐橙运到赣南地区去假冒赣南脐橙，这种现象很常见，品质参差不齐，价格战非常惨烈。

第二，运费成本高于产品价值，难于储运。线上销售，很多农产品包装+快递运费的成本占总成本的一半以上。产地收购价即使很低，一摊上运费成本，到用户手上的价格就没竞争力了。

比如葡萄、草莓、水蜜桃、桔子这种本身价值不高的产品，可能只有同城快递才能操作，如果是跨省长途运输，需要加冰袋用顺丰快递发货，成本极高，很难被用户接受。杨梅、樱桃、大闸蟹这种，因为本身价值高，摊上运费，用户勉强能接受，但实际上卖这种产品，获利能力也不强，大部分成本耗在运输上了。而其他产品，比如苹果、橙子，相对容易发货，但因为快递员乱扔乱抛，运输途中损耗率仍然是很高的。或者芒果、榴莲、猕猴桃这种后熟水果，气温高，运输途中时间稍微没控制好，路上多走1至2天，就会过熟坏掉，这对用户体验来说，会造成非常大的伤害。

第三，产品很难标准化。农产品是大自然的产物，很难像工业产品一样标准化。口味、外观这些因素很难把控到严格一致。这种在用户认知中的“品质”因素，不能固定，商户因此也很难取信于用户。当然，这个行业内，通常也有一些分级的标准，比如，按大小分级，按重量规格分级，但这些也仅限于外观，内在的口感、成熟度，仍然是很难进行区别分类的。

第四，内在品质很难鉴别区分，商户很难取信于用户。有机大米与非有机的大米，从外观与口感上看，除了一张有机认证的标签之外，几乎毫无区别。不打药，用农家肥种植的小果园，比如桔子、橙子，外观丑，个头小，甜度口感不如那些打过甜蜜素的……自然成熟的蜂蜜与人工催熟的水蜜，兴化螃蟹、微山湖螃蟹与阳澄湖螃蟹，差别非常微妙，用户如何区分鉴别，商户如何取信于消费者，一直是这个行业内的大难题。

第五，受限于季节因素，无法打造常年长销的“爆款”。在平台上开店，用户是单品链接搜索进店的，打造“爆款”，通过爆款抓取平台搜索流量，是所有网店商户运营的首要目标。然而，由于农产品大多数有季节限制，商户花巨大成本打造出来的爆款，可能还没来得及进入热销阶段，刚刚开始动销，货却没了——季节过去了，产品下市了。

上面这些问题现实存在，其实也不是不可跨越的鸿沟。

农产品大多数是食品，直接关系到人们的饮食健康与生命品质，民以食为天，市场容量足够大，上述问题解决不掉，但是能巧妙回避或化解掉。

后来，蒋宪彬真的找到了巧妙化解这些问题的方法，最终上升成了理论。

生长在农村的蒋宪彬，一点不抱怨他做农产品经历的这些挫折，比起之前他经历的失败，包括之后他经历的桂林夏橙失败，这些都不算什么。

他知道，农民太不容易了。辛苦劳作一季一年，没有收成农民忧，收成好了农民也忧，“丰收成灾”还得贱价卖，但是农村又有太多的好东西，所以蒋宪彬做农产品经历了太多挫折，但在作者面前，还是不经意说了一句话，“一心归农”，他一心想卖农产品，他有一种坚定兴农的情怀。

正因如此，归农的核心理念是——“不负农人苦心，分享自然真味”，看到这句话，很多人尤其来自农村的归农会员，会鼻子发酸，会想掉泪。民以食为天，不能辜负种粮食的农民。但是农村的艰难，深深地印刻在了经历过农村生活的人心里，所以蒋宪彬知道，这样的口号一定会激发太多太多人内心的共鸣。同时把最真实、天然的农产品带给家人、带给群友，分享自然最本真的味道，正是所有消费者想要的。

而且他还提出一个首要愿望——“让农民的种植有一份合理体面的收入”，给农民合理体面的收入，就是给农民尊严，就是“不负农人苦心”，这句话，也曾感人无数。

他还提出其他一些口号，“集结新农人，关怀老农人”“一切源于天然，真实高于一切”，农产品既真实又天然，看得出来，这些口号和主张里，最打动人的，是其中的情怀和对原生态食品的追求。

这正戳中了时代的敏感点。

第五章

消费即投资，消费即创业

移动互联时代，通过手机实现“人联网”，通过一个小芯片可以实现“物联网”，万事万物相连，形成超级大数据，行业无边界，成本无边界，利润无边界，每一个人，每一个参与互联的事物，一边在消耗资源，一边又在创造价值，消费变成投资，消费即创业，每个人都可以是消费商，“花本该花的钱，赚原本赚不到的利润”，这是未来的趋势。

花本该花的钱，赚原本赚不到的利润

试水创业，起起伏伏到2015年底，蒋宪彬带着胡涛、胡业民等人一直在孤独地摸索、尝试，虽然因为农产品的非标准化，接连遇到挫折，但他踏准了社会大趋势和正确的理论方向，好歹已趟出一条路来。胡业民是公司另一位高管，在朵彩时就是蒋宪彬团队的骨干。

“走正确的路，比正确地走路更重要”，管理大师中的大师彼得·德鲁克如此说，又有人说“只要走对了路，我们就不怕远”，用这两句话解读2015年底、2016年初蒋宪彬的心态，再贴切不过。时间是最好的朋友，浮躁是最大的敌人他坚信走下去一定会到达目的地，虽然颇多挫折，但这条社交电商、社群营销的路是一条正确的道路。

他清楚地看到，近年来，以互联网+为代表的生产技术的革新，正悄然而至。移动互联时代的每一个人，都成了链接点，都日益中心化、自主化、市场化，每个人都是一个独立的IP，都有一个独立的移动账号可用于支付和收入，中国人的社交方式、消费渠道、支付工具正在全面改变，也正在引发商业关系的大解放。蒋宪彬早就预言，一旦进入移动互联社交电商的新时代，自古以来形成的传统消费理念和经验，都将被改变，包括以淘宝、天猫为代表的传统电商模式，也将面临根本性的挑战。

什么是消费商？即既是消费者同时也是商人，因消费而成为商人。这意味着，在生产商、渠道运营商、消费者三方，一直只有生产商和渠道运营商赚钱的时代，将成为历史，消费者只需要改变一下思维，做资源的整合者，找到更多优惠的消费渠道，找到更多迷茫的消费者，让自己成为消费群体的意见领袖，那么也可以参与到商品的利润分配中去，甚至取代渠道运营商。

为什么可以？我们先看几个数字。

消费者是每个人从出生后，始终改变不了的身份，可是多数人习惯将房子、车子，这种家庭大型的开支消费，视为一种投资，却忽视了一生中

80%的消费都是日常消费，这些日常消费的背后，隐藏着巨大的财富。

按北京市人均年消费18165元（2010年）计算，一个人如果活到75岁，一生共累计消费136万元，其中的80%，也就是109万元，是用于日常消费的。生命不止，消费不止，消费市场就是一个巨大的金矿，这个巨大的市场，成就了多年世界500强第一名的沃尔玛百货，成就了淘宝、天猫、京东等流通渠道公司。可想而知，大众消费中隐藏着世界上最大的财富，遗憾的是，自古以来的传统商业模式中，厂家、商家二者，都因为消费者的消费而获利，而消费者作为此商业闭环中的最重要环节，却不能参与利润分配。

消费者，是一个需要重新思考的角色。消费者除了消费，还有什么价值？因此，世界新经济研究院院长、经济学家、中国国际交流促进会副会长、美国美中经济技术文化交流发展中心高级经济顾问陈瑜教授，提出了一个全新的理论，“消费资本化理论”。

提出这一全新理论之后，新华社对陈瑜进行了专访并在新华社《瞭望》杂志上发表，中央党校《理论前沿》、财政部《财政研究》也发表了针对消费资本化理论的专文。对此陈瑜解释说：“消费者在购买企业的商品之后，企业应该把消费者的消费视同对企业的投资，并按一定的时间间隔，把该企业利润的一定比例返还给消费者。这意味着，消费者在消费的同时，实际成为了一个投资者，而消费则质变为资本。”

这就是“消费资本化理论”的核心思想。

消费者也能成为资本家，这叫消费投资，消费即创业。消费者花钱购买商品，就相当于花钱参与了企业的产品众筹，企业完全可以根据消费额，把中间流通环节的部分利润，按比例返还给消费者。这样，消费者的购买行为，不再是单纯的消费，同时变成了一种投资行为。其实很简单，只需要消费者把家庭开销中的一部分，长期稳定地投入到一个品牌上，因为产品品质好，你很自然的分享给你的朋友们，他们因为你的分享，聚集起来，共同加入这个消费群体，一起稳定地消费这一个品牌，企业感恩你的分享，把原来被中间流通渠道赚走的利润以及广告费，作为回报，返还给消费者和分享者，而且分享者同时也是消费者，只要具备这两种身分，你就可以获得两份收入。这时，消费即创业。

因此你还可以发现，作为一个商业主体，消费商有着它的独特之处：

第一，给予别人的不仅是产品，而且还是机会。

第二，花本来就该花的钱，赚本来赚不到的钱，带来一种全新的利润分配规则。

第三，不需要投资，正常消费即是投资，没有员工，没有管理，是零风险的一个商业主体。

第四，只是在做一种省钱加赚钱机会的传播者，不负责具体的经营，企业平台负责经营。

第五，是一个最轻资产的商业模式。

第六，带来的是一种消费革命，让消费者也参与了利润分配，分配更加合理，使全社会更接近共赢。

这是一个由移动互联网技术革命引发社会变革的时代，国家倡导“大众创业，万众创新”，让更多个人投入到创业之中。李克强总理讲分享经济，说目前全球分享经济呈快速发展趋势，成本小，速度快，众人创富，形成财富合理的分配格局，实现全社会共赢。当人人都因消费而参与进来之后，正如马化腾在一次互联网大会分享的，当你的用户群足够大时，你的业务模式不再是问题，也就是说当你拥有的用户数量足够大时，你卖任何产品都可以不考虑赚钱，但终究会赚钱，就像网络电影不通过影院渠道售卖门票，但是却能收回投资的道理一样。越来越多的羊毛出在猪身上，狗来买单。互联网大数据足以让任何一个原本互不相关的事物关联起来，并实现利益共享。

那么，作为一个消费者，如何积极参与财富分配，做一个消费商呢？信息时代的经济竞争，是以消费者为核心，那么作为一个有眼光和能力的消费者，就有必要把自己身边的消费者组织起来，带领大家一起参与品牌运营，共享财富分配，因为组织和管理了消费者，付出了劳动，就会有收益，这就是商业行为，所以这样的消费者就是一个商人，因此叫做消费商。那么，你天生自带“800 万流量资产”，你用六度人脉理论，最大化地把这些资产发掘出来，你就能成为最成功的消费商。

“花本该花的钱，赚原本赚不到的利润”，这是未来的趋势。作为一个消费者，今天你不主动去团结别人，使自己成为一个消费商，明天就是别人来团结你，他会成长为一名消费商，其中的经济利益关系不必多说，也许过不了多久，你与朋友见面打招呼时，他会自豪的告诉你，他是一个消费商。消费者成长为消费商，将是一场浩大的革命，人人都是消费者，人人都是消费商，消费者成长为消费商，将是趋势性商机。

新商业文明最根本的力量是用户的力量。对任何一家企业，决定其命运的关键人物，不是技术专家、不是营销人，不是投资人，而是消费者。“众筹”，就是基于这个思维衍生出来的典型商业模式。消费者可以众筹一个活动、一个项目，甚至众筹一个公司。用户与发起人共同设计这个公司未来即将生产的产品，认购预订一定数量的产品，即可获得该公司一定的股权。这个时候，用户以一个更低的价格拿到了商品，同时还享受这家企业未来成长带来的红利。“世界经济史就是金融史，凡是没有金融思维的企业都是在摆地摊”，消费商的概念，表层上看是企业拉拢套牢用户的营销手段，底层的本质是一种全新的金融思维。消费行为变成门槛最低并且彻底零风险的投资行为。

移动互联时代，通过手机实现“人联网”，通过一个小芯片可以实现“物联网”，万事万物相连，形成超级大数据，行业无边界，成本无边界，利润无边界，每一个人，每一个参与互联的事物，一边在消耗资源，一边又在创造价值，消费变成投资，区块链就是这样一股力量推动起来的。这意味着，一个超级金融的时代即将开启。

蒋宪彬并没有搞懂什么是区块链，但是他看到了消费者的力量。

站在社交电商的“风口”……

可见蒋宪彬和归农的事业，有充分的理论依据。其实著名的未来学家、《第三次浪潮》作者阿尔文·托夫勒在2006年就预言，未来社会将出现“产消合一经济”，即“生产型消费”，每个人既是生产者又是消费者，与既是商人又是消费者异曲同工。

深入研究还可以发现，移动互联时代的社交电商，已经颠覆了一些传统的西方经济学理论，“科斯定理”表明了企业的边界，即企业存在的理由，是内部组织的资源配置成本低于外部交易成本，否则一切都可外包，因此传统企业始终是内部化的，有边界的。但是，移动社交电商的消费商模式，使企业运营成本和管理成本降到极低，整个销售环节彻底外部化，销售由消费者完成，可以无限扩大。这时企业与消费者已构成紧密的利益共同体，企业已经没有边界。因此科斯定理在归农看来，并不准确。

类似的成功案例已非常多，小米手机的成功，即源于“产消合一”，让尽可能多的消费者参与产品设计，酣客公社（酱香白酒）、三草两木（护肤品）……无数依靠社群崛起的新兴品牌也充分说明，以往仅仅只扮演消费者角色的社会大众，与企业内部运营无关，但是现在，他们已经在向消费商转变，大量的消费者已经参与到企业经营之中，成为企业与品牌构成的一部分，这些企业或者品牌，在大量消费者的参与推动下，以比传统企业快数十倍甚至百倍的速度在飞速成长。

显然，一个颠覆经济学理论的时代已经到来。

只是，2015 年的归农还没有完全撞到“风口”上。只有撞进这个“消费商时代”的价值“风口”，归农的会员才可能真正成为消费商。此时，归农还需要做两件事——一是真正寻找到一流的商品，并且把内容营销做到一流，二是找到可支持归农快速扩大的后台软件技术。

解决这两个问题，归农就可以主动撞进“风口”。

产品售后的诸多问题，一度让蒋宪彬焦头烂额，但并不影响他循着时代大势去寻找解决方案，不影响他按照“消费资本化理论”和消费商趋势，寻找让归农升级飞跃的机会，他非常积极地向外部每一个可能的机构传递合作的意向。

而且他看得越来越明白，如果原地踏步，问题就永远层不出穷，解决不完，只有按邓小平说的，“把发展中产生的问题放到发展中去解决”，快速进步才能把问题抛在脑后。他在想，归农的会员只要发展得足够快，足够多，就一定能吸引到越来越多最好的产品，并且会员全面升级为“消费商”之后，之前那些“买卖对立”产生的问题，就完全不是问题了。

归农的快速复制发展，变得越来越紧迫。实现的前提，是解决平台软件技术。

为了用社交化方式来运营客户，让每一个客户都具备六度人脉的传播性、裂变性，迅速把最大量的人群吸引成为归农的消费商，蒋宪彬找到一个落地运作的工具——人人店。人人店是上海一家专门为社交电商公司完善运营模式，提供技术平台的软件开发公司，已在新三板挂牌上市。2016年2月，归农人人店上线，按照蒋宪彬“每个人都有800万流量资产”的理论，靠着优质商品打造的口碑和人人店推客“内环中环外环”裂变模式，3个月归农忠实粉丝就从900人增至7万人。靠着这些粉丝，归农逐步成功运营了几十个社群并打造成核心粉丝群，高活跃度，高黏性，用户们主动成为归农品牌的主人，自愿推广分享。这种方式把用户当作资产，充分经营用户，并用更程序化更便捷的方式实现利益分配，让用户在参与的过程中享受平台成长的红利。

归农有了这个后台作技术支持之后，操作一下变得简单了，页面制作、报酬核算等全部由后台自动操作，归农和会员们再也不用操心，只需一心推广卖货。

人人店上线之后，归农的第一款产品是3月份上的小台芒，创造了单日最高销量7000箱的纪录。这种瞬间引爆的销量，在千万级用户的电商平台也是非常罕见的。而当时的归农，只有900多位铁杆粉丝。蒋宪彬对这些数字记得很清楚，但是朝英姐记得更清楚的，是她借小台芒让自己的消费会员转变为消费商的故事。

当时朝英姐告诉之前发展的只消费的顾客朋友们：“我们通过一个新的系统来卖产品，这次上的小台芒，大家下单体验之后，每一个人都可以申请成为平台上的店主，以后买东西，就直接在自己的店里买了，你自己买或别人来你店里买，你都有奖励。”当天就有她发展起来的归农会员近200人如丢丢、刘妈等，在她的店里下了一单芒果，成了她的VIP会员，并都有了自己的小店，成了消费商，可以发展自己的会员了，她们的会员消费和分享产品，也都有一定比例的收入。

什么样的人能成为最好的消费商？看看朝英姐。朝英姐在她的朋友圈、社交圈里，给大家的一个明确印象是，有自己独立的判断能力，有亲和力，善良有爱心，朋友对她的认可度很高，在做归农之前，她就特别喜欢在朋友圈里分享，喜欢把自己的生活状态、观念、想法分享给朋友，在朋友圈里十分活跃又受大家信赖。

为什么这么爱晒自己和家人的生活状态呢？作者专门问过朝英姐。

她回答说："那是自己的状态。人的一生，这样走过来，每一个阶段留一个印象，把它记录下来。将来你可以回头看看你的人生走过的路，真的是特别有意思。我们都是普通老百姓，但是你可以用这样的方法，让你的人生变得有意思一点。过自己想要的生活，也不用管别人怎么看怎么想，好在朋友们都还喜欢。"

朝英姐就是这样一个状态，积极、活跃、阳光、温柔，懂得坚持，相信生活的美好，简单地相信老朋友老同事蒋宪彬的归农事业，看到归农的兴农情怀，看到归农所有美好的一面，并努力推动归农去影响更多的人，帮助更多的人开自己的小店，有钱赚。李开复说，"开心、自信、成功"三者，有相互促进的关系，当你对工作生活感到开心，你就会更自信，当然就更容易成功，当你成功，你就更自信也更开心，形成良性循环。

朝英姐的基本状态就是如此。2016 年，归农的商城替换成人人店系统之后，类似朝英姐这样的会员就越来越多了。

"告知实情更强大"

技术问题一次性解决了，产品的问题依然突出。产品能不能支撑归农快速裂变，一蹴而就彻底撞入"风口"？这依然是最高难度的问题。关键是新问题防不胜防，进步和挫折总是交替出现，每进一步，到了新天地，新的问题就接踵而至。蒋宪彬说："走了一条万里长征路，其中布满了艰辛和曲折。"

新的挫折说来就来了。2016 年 5 月，桂林夏橙差点惹了大祸。多年后最早的会员之一东梅说到这事，还心有余悸："会员粉丝，伤得很厉害，可伤了心了。"

2016 年 3 月，利用全新的人人店平台成功做了首单芒果后，4 月，新推的水果桂林夏橙 2500 多件，也很顺利地分发到全国各地会员手里，会员消费和分享的收益也自动到位，个个心情舒畅。

“第一次桂林夏橙的成功，也就是‘一首歌的事情’。”当时蒋宪彬与桂林夏橙种植户谈妥业务后，一起去歌厅 K 歌，歌唱高兴了，对方说，要不今晚先上一次货？蒋宪彬说，行，那就先上。当即在网上通知公司人员，在归农商城里上了 2500 件库存。然后蒋宪彬唱了一首歌，歌唱完，翻开手机一看，没了，搞定，销完了！双方欣喜不已，爆发力太强了。

当时为了防止水分丢失，这批夏橙用薄膜把箱子包住密封了，因为天气尚凉爽且到货及时，没有变质的问题。5 月初发第二批 1000 多箱夏橙，依然用薄膜包了箱子。但是，谁也没意识到，天气骤然升温后，水果不透气很容易坏。每一只水果都是一个生命，也需要呼吸。

结果，1000 多箱水果大量捂坏了，几乎全军覆没！

信息反馈过程就已经造成了全员骚乱，互相抱怨吐槽，一问，全都有问题！所有归农群里几乎都闹翻了天，会员彼此一起声讨归农，一致觉得总部把关不严，发了有问题的货，开始对归农未来产生了怀疑。不满情绪相互感染，很多人一气之下退出不做归农了。整个归农突然陷入谷底。

“信心比黄金重要。”如果全员丧失信心，那将是毁灭性的打击。

归农二话不说，全数退赔。

蒋宪彬急火攻心，但他也很冷静，知道此刻自己该干什么。“必须化腐朽为神奇，化干戈为玉帛，要有把坏事变好事的本事。越是糟糕的事，越要因其糟糕而显示出归农诚信诚恳的态度和品质。”他说，“你应该想，这不正是向所有人证明我们的一次机会吗？”

这是一次“危机攻关”，首先完全不躲闪，不回避，不找理由，查找并承认出问题的环节都因自身而起，站出来承担责任，向所有人说明实情原委；然后，通知所有人全数退赔，一个人不能少，一个坏了的橙子都不能少。“我们需要向所有会员证明，我们是值得信任和信赖的。不需要第三方来说，我们自己的措施才能证明自己。”

会员们迅速拿到了退赔的钱，情绪渐渐消了，心里想，归农和蒋宪彬是负责任的。

没有挫折就没有进步，挫折是进步的阶梯。物理学家发现，宇宙万物中包括人类社会中没有任何事物是绝对连贯的，数字小到再小也仍然是一个个独立的数字，一切都是一份一份拼接起来的，连光也是一份一份发出的能量，中间都有停顿，所以进步过程中有停顿起伏，有波峰波谷，是事物的本质现象。有小挫折，当然就有大挫折。

了解到这些本质现象，蒋宪彬就彻底释然了。“出现挫折不可怕，可怕的是面对挫折的态度，会员看重的，也只是你面对挫折的态度和解决方法。我们遵循内心的人文情怀和商业理想，你不踏踏实实面对，不付出点代价，别人怎么相信你是诚心在做归农这个事情？大家会看到，我们在成长过程中付出了很大的代价，我们一直在付出，在努力，甚至我们走了一条像红军二万五千里长征一样堪称悲壮的道路，了解我们历史的人，将备受感动……”

由此，蒋宪彬发现，会员们做归农有动力，阻力也常常是巨大的。而且，什么样的问题都会成为阻力，水果外观好不好看，也会成为阻力。

比如礼泉苹果发货的时候，不会去掉种植时套的袋子，会员收到货一看，怎么还套了一个满是灰尘的袋子，这么脏，难看死了。许多人对归农就有看法了。这怎么办？

每推荐一款产品都可能遇到会员种种不满意。这时候要让用户改变认知、尊重事实是不容易的。这时蒋宪彬采取的办法是，把问题变成话题，把这个话题说深说透，变成对归农的促进。

他会在归农的公众号和群里告诉所有人，为什么这个袋要套，起什么作用，为什么不把它取掉，取掉之后虽然你收到的货看起来很干净漂亮，但这个袋一取掉，苹果从冷库里一出来，不出三天质量就变差，就开始粉，不脆了。不取袋，原来是为了让苹果尽量保持原有的状态，保持新鲜度。当然套袋还有另外一些重要原因，防尘防鸟防虫防鸟屎等乱七八糟的东西，这是第一个作用，第二个作用是防打农药接触到苹果。按说卖的时候取了袋更好看，应该更好卖吧，但是内行就知道，不取袋的苹果水分更足，新鲜度更好，它尽可能地保持了水果在树上的状态。

大量交流沟通，文字配上图片，仔仔细细讲给会员听，这就是归农作为内容电商的核心竞争力。实实在在的知识内容普及，会员们终于明白，接受了套袋子的苹果。

但是，云南昭通苹果就不套袋，风吹日晒，雨打雪浸，树枝刮碰，布满疤痕，凹陷处扑满灰尘，结果就奇丑无比，颜色发暗，皮糙肉硬，常被不懂行的会员家属扔进垃圾堆，但事实上，这种昭通苹果比套袋苹果别有一番滋味，你可以说它更好吃。

这种苹果确实不如套袋的陕西礼泉苹果粉粉嫩嫩，但是它比礼泉苹果贵，虽然买的人少，而且懂行的人榨苹果汁会用礼泉苹果，三四个，榨汁几口喝了，但如果想仔细品一品苹果的自然真味，会拿一个昭通苹果，甚至不削皮，慢慢地啃，细细地嚼……

但是就是这样的苹果，一开始多数会员不喜欢，不想要。他们想要的是好看鲜亮的，这样的水果往往都用抗菌剂双氧水洗过，或打蜡，所以大量陈年苹果、橙子表面依然光洁发亮，内里却已经发黑坏掉或干瘪失水。这就是可说道的内容，好看并不等于好吃。

高原上阳光曝晒是昭通苹果好吃的原因，也导致了消费者对它的排斥，而排斥仅仅源于表面的视觉感知，而不是来自味觉事实，而你买苹果要的是味觉事实。所以在归农看来，这就是话题，就是机会，就不停地给会员讲知识讲内容，讲为什么昭通苹果是这样，区别在哪儿，好在哪儿……

当会员弄明白这一切后，阻力瞬间变成动力。2016 年，第二次上架昭通苹果的时候，嫌弃的现象几乎就没有了。

这一年，苹果还没成熟，群里就不断有人问昭通苹果什么时候上架，因为吃过的都知道这个苹果与众不同的风味。归农会员斌的妈妈、秀蓉的妈妈吃到昭通苹果，都兴奋地说，吃到了小时候的味道！在大家翘首以盼中，2016 年，归农上架昭通苹果时，仍旧以 79 元 10 斤 / 箱的价格销售，不到 30 分钟，1000 箱售罄，之后 20 多天，一共销售了 8000 多箱，创造了比上年高近 4 倍的销量。而其他电商平台上有标价 59 元 10 斤，甚至 49 元 10 斤，销量大多数都超不过两位数，悬殊巨大。

这充分说明，在归农，价格并非影响成交最重要的因素。

那么是什么？是内容、知识。内容为王，善于做内容，善于输出内容，就可以改变会员的认知，改变观念和思想。当认知改变，价格无论高低，会员都跟定你了。

2017 年 4 月，蒋宪彬在海南走访果园，他向当地人士打听，了解为啥很少看到有网店主推椰子。原来椰子很难剥皮，一般都剥皮销售，但是剥皮之后的椰子，很容易发霉。事实上，椰子壳很坚硬，很厚实，表皮发霉，对里面的果肉与果汁是没有影响的，但消费者不这样认为，他们认为都霉成这样了肯定不能吃了。当时，在场的另一位小伙子说，他椰子卖得很好。他在朋友圈一发信息，当天就出几百单。因为在发货之前，他跟客户事先说清楚椰子皮可能会发霉，并且说明这并不影响食用，收到货的客户，没有一个发牢骚的，满意度都很高。

类似的案例，在归农有更多。比如，还是昭通苹果，在开卖之前，归农在社群里会深入铺垫这个苹果的“丑”，再上架昭通苹果的时候，问题就没有了。

这充分说明，在归农，品相也不是影响成交最重要的因素。

那么，是什么？是信息对称，是“告知实情更强大”，剥了皮的椰子会长霉，昭通苹果又小又丑，这是内容，是知识，也是信息畅达，不隐瞒，开诚布公，一切公开透明，并且善于把它做成内容，善于输出内容，就可以取得会员的信任，改变会员的认知和心理预期，进而改变消费的观念和思想。

万非，是一种智慧

蒋宪彬说，“阻力就是问题，问题就是话题，话题就是内容，内容就是动力”，遵循这样的逻辑，归农从来不惧怕阻力和问题，在他们看来，所有阻力和问题都是将业务做大的机会，所有阻力都可以转化为动力，腐朽也可化为神奇。

因为归农卖的都是千挑万选出来的地理标志性产品，这些好产品与生俱来的问题，显然都是自然知识，只要归农讲得透，相关内容讲得全，这些知识就成了聚集人心并赋予认知的武器，正如英国哲学家弗郎西斯·培根所说的“知识就是力量”。

其实所有这些经验，都是事后的总结。

取得这些认知和方法的过程中，归农付出了巨大代价，虽然会员都很努力，但是产品总出意外，时间一长，会员们就会失去耐心。2016 年 5 月桂林夏橙事件之后，6 月份业绩开始下滑，直到 8 月底，用特价高邮咸鸭蛋刺激了一把，会员信心才有所恢复。

依然困难重重，2017 年上半年，蒋宪彬为了重振市场，到浙江嘉兴开了一个办事处，专上水果，一心想尽可能多成交，想着大量上高品质新品，天天上架新品天天做页面，上了许多种水果，结果反导致营业额下滑，再也没出现新品一上架就抢一千多件的情况，慢慢只敢上几百件、百来件货了……

天天上架新品，市场购买力被透支了。一位来自湖南郴州网名叫瓦砾的会员说，“我体验过平台的几款产品，也推广了几单，说实话不好的占多数（开始推的主要是水果），天气、快递暴力、水果口感的个体差异都很伤粉、伤心、伤神，我没想过放弃也谈不上投入。不冒泡不交流就潜水爬楼，每天发发圈加加人，有单了开个 VIP 会员。一点点的积累慢慢的升级做到了群管理这个级别，期间感触最深的是每次到了快泄气的时候就会有来自陌生人的信任，又鼓足了劲前行。2016 年 10 月份第一次品尝昭通丑苹果以及芦荟沐浴露、洗发水的使用，才让我对归农的产品、品质有了放心的感受。”

此时，蒋宪彬感觉会员对水果几乎已失去耐心，决定开始转移产品重点，转移阵地，减少水果的上架量，着重推广芦荟系列的护肤产品。

趁着 2016 年底芦荟系列产品开始被会员青睐，2017 年，蒋宪彬决定重点打造一个专做元江万绿芦荟产品的品牌。

他找印维青商量，印维青求之不得，此时，印已从万绿董秘的身份转变为总经理了。

先得组建团队，整个市场运营蒋宪彬负责，原料开发与后端供应由万绿负责，终端产品的开发与品控，还需要一个美妆领域的行家，找谁呢？思来想去，蒋宪彬想到了一个人，2014 年底在上海定位分享会上认识的杜卫平。此人是个行家，自己开了家化妆品公司经营已近十年，市场和产品经验都很丰富，人也诚信忠厚。二人找他一谈，一拍即合。杜出任万非CEO。

取名万非，别有深意。蒋宪彬认为，“我认为世界是什么样，世界就是什么样。我们看到的万物，不是万物的本身，我们看到的是自己，是我们内心的认知……”万物皆因不同的人而不同，所以万非，万非的产品是内在的、真实的、自然的，因此万非的主张是“心系自然，美由心生”，来自自然，也就是拙朴的、简单的；变美，需要智慧，而智慧是由心生发出来的，所以美由心生。

万非品牌，是自然美与内在美的产物，所以，万非不只是芦荟。

很快，2016年7月，万非公司成立，在上海召开了一个公司成立暨新产品发布会。8月中旬，万非上央视广告，连续一周狂欢，芦荟胶、芦荟水等各种芦荟美容洗护用品，全部大力度买赠促销，从此出现转折，会员数量开始稳步增长。到10月份，新的群管理制度逐步成型，增长速度进一步提升。这一阶段，产品问题减少，会员裂变逐渐恢复正常状态。

——归农终于焕发生机，显示出十足的动力。

但是在坎坷曲折中最考验人的绝不是产品，而是人。人与人之间的关系才是万物中最复杂的关系。这时员工又出状况，之后蒋宪彬总结出两条经验，一是面对状况，公司主导者必须充满战斗精神，一扛到底，永不退缩；二是当企业发展速度落后于员工内心欲望膨胀的速度时，员工就会出问题，企业发展总是日新月异超乎员工想象时，员工才会安心努力地工作。

要说的是另一个股东创始人。蒋宪彬有一个学弟，2014年底蒋邀他加入归农共同创业，也按每月基本生活费+股权分红的方式进行合作。第一年，奔着理想，大家都很齐心，很努力。第二年，明显感觉他开始心不在焉。到2017年，作为股东创始人，还不如一个普通员工的干劲大。下班准点消失。后来蒋宪彬才知道他业余在帮别人打理一家淘宝店，刚知道的时候，蒋宪彬很生气，要他二选一，要么放弃那个淘宝，要么从公司离开。当时他不吭声，蒋想他也许不会就范，就给自己找了个台阶下，怪他搞这个事没事先告诉，说：“如果跟我说一下，这也没什么大不了的。”

到2017年10月份，偶然一次，归农的会员收到一个群发消息，发现这哥们的女友在拉归农会员去做另外一个项目。蒋宪彬进入那个商城一看，发现那个公众号认证主体公司，是此人2016年注册的。占着公司的股权股东身份，却私下另外注册一个公司，用一模一样的模式去运作类似的项目，全公司的同事都认为他很不厚道。于是，他自己请辞，正中蒋宪彬下怀。按他的要求，给了一笔现金给他，清算了他的股权。把钱付清的第二天上午，就发现大量的归农会员收到他发来的扫码邀请，他开始全面“挖墙角”了。一路相伴，一路相随，如今各奔东西，各做各的事，这本无可厚非，但处心积虑“挖墙角”这种事，令人痛心。“就算我对他无恩，也不至于有仇，背后釜底抽薪的行为，令人颇为伤心。”蒋宪彬说。

当然，除了一些员工同事的行为令人伤心，蒋宪彬还遇到过供应商挖墙角，分销会员带着公司引流扶持的资源投奔到竞争对手……

后来，他写过一段文字抒发自己的感受：

在创业的路上，每个人都有可能遇到各种各样的人、各种各样的事。当这些事、这些人一幕幕呈现的时候，面临人性与现实的拷问，你的内心是否还能够保持坚强？本以为真诚的托付、信任理应得到温暖回应，但大多数情况下却事与愿违。人生太顺利，往往经受不了失败的打击。穷困并不可怕，可怕的是在黑夜里看不到一丁点前进光芒的指引。失败并不可怕，可怕的是我们再也看不到人世间的温情。

创业，是一种修行。

我们每一个创业者，在这条路上所有的经历，为了财富，更是为了内心的历练。过往的对与错，都过去了，未来仍然未知，一颗初心，荣辱不惊，从容面对。

在路上，永远是在信心的鼓舞下继续前行，也少不了挫折打击让我们反省、优化自己的不足。感恩给予过我们信任、帮助与支持的人，也感谢离开的背弃我们的人……一切都是最好的安排！是你们的存在，让我收获了继续前行的信心，也是你们让我看到了自己的不足。

用无畏与坚强、感恩与宽容，武装自己的内心。

万幸，这件事，蒋宪彬看到的不仅是其本身，还有他自己的内心，“阻力就是动力”。

归农就这样边奔跑边思考，蒋宪彬从创业开始经历了太多的挫折，数年来不断犯错误，也不断在纠错，慢慢摸到了人心与人性，跑到了内容营销这条正确的道路上。朝英姐动员娘娘归农时说，“我们总是在犯错误，总是在失败，多年来失败了好多次，但我们是打不死的‘小强’，我们不断纠错，不断调整，从来没有松懈放弃过，后来突然发现，我们正确了，眼前突然一片光明……”

蒋宪彬也对娘娘说，“我们实实在在帮助农民大量销售农产品，这样的事你做不做？然后你自己消费也有折扣返点，如果你分享给朋友，你还可以从朋友的消费中获得奖励，这叫自用省钱，分享赚钱。你不用投入一分钱，不囤货、不雇人，你把朋友介绍来消费即可，你获得的是我奖励给你的介绍费，你做不做？！”

几年来，种种曲折终于尝尽，接下来，雪梨膏就要出现了。

蒋宪彬从困难中一步步复苏的 2014 年至 2017 年，金川的雪梨膏也面临着巨大的困境，二者相距遥远达数千公里，一个在华东上海富庶之地，一个在川西高原贫寒藏区。

第六章

商业的本质价值：“为消费者把关”

消费者对于什么样的农产品是自然生态的或适合于自己的，几乎一无所知，“消费升级”的心理需求与消费者对产品不懂行之间，形成了一个巨大落差。另一问题，无论传统平台电商，还是社交化的传统囤货微商，这些电商都有一个共同的最大特点是，产品除了图片，都看不见摸不着，无法体验，消费者极有可能更加无知和茫然。

面对这两个关键问题，营销人该怎样做？商业何为？归农何为？

线下活动、旅行也是一种“内容”

终究需要一款独特的爆发式产品，归农才能爆发式成长。这样的产品必须很有故事、很有内涵、很有“冲突点”，才能触动人心。显然，川西高原上的金川雪梨膏正是一个可遇不可求的爆款。2017 年，归农终于遇见了雪梨膏，两次众筹成功之后，蒋宪彬经成都前往金川与金雪梨果业杜宇达成战略合作协议。在成都，他兴奋地对作者说，“归农终于找到了自己的爆款产品！雪梨膏已经通过实践检验证明，是最利于裂变，同时又利于开首单的一款产品。”

正如第一章所描述，2017 年 12 月 10 日，“养在深闺人未识”的金川雪梨膏，终于通过归农一炮走红，卖向了全国！一条完整的雪梨种植和雪梨膏生产加工销售产业链形成了，归农人每卖出一盒雪梨膏，就等于为藏民卖掉 20 斤梨，从而实现了全县每年 3 万吨雪梨的全部消化。金川果农和金川上下对雪梨膏产业重燃信心，金川县经济重启亮点，归农也因雪梨膏快速发展。

蒋宪彬的思想理念与方法模式早已成熟，缺的就是用一款产品来使之全面实现。

金川雪梨膏使归农一蹴而就。

那么，为什么雪梨膏会爆红？因为它的产品特质，完全符合移动社交电商畅销品的特质。

它的大卖，必须具备两个条件，缺一不可，一是爆款的特质，二是深度的内容营销。正如蒋宪彬在《微商方法论》中所说的社交电商爆款三大特征，一是需求覆盖面广，二是消费频次高，三是不容易买到，或者需要高信任度支持。这三点，金川雪梨膏都天然具备。

第一，雪梨膏不分男女老少，不分职业，不分地域，没有个性喜好或尺码规格的要求，任何人对它的需求都是共通性的；第二，一旦被消费认可就极可能长期备用，140ml 一瓶雪梨膏很快能喝完，是快消品，不是耐用品，复购频次高；第三，雪梨膏有认知基础，但却没有市场基础，并不容易买到，同时，市场上有不同的雪梨膏、秋梨膏，有不同的品质，消费者无法准确判断谁好谁坏，用户选购时需要较高的信任度支撑，归农对雪梨膏全面的内容营销，建立起了消费者对雪梨膏和归农的高度信任。

另一方面，整个第一章所有内容，都是雪梨膏内容营销的内容，它丰富深沉的内容总是让人感动掉泪，一旦广泛传播，销售就上来了。下一章，我们将对内容营销作深度分析。

2018 年 3 月 24 日，漫山遍野梨花如雪之际，归农主要会员一百多人代表全国各地会员，在蒋宪彬、胡涛带领下，满怀初战告捷的喜悦和感恩之心，再次踏访金川，见证雪梨之乡和雪梨膏的神奇。无数会员虽然再次面临一路的高原反应和剧烈的呕吐，但是他们丝毫不介意，欣然赶来。

这一次，备感社交电商神奇魅力的金川人民，为归农人举行了盛大的欢迎仪式。

中途在马奈乡暂停，当地乡民举行了隆重的欢迎和祈福仪式，感谢归农人为藏民带来福祉。藏区果农都是信仰佛教内心圣洁的人，他们穿着传统的藏族盛装，向天空挥撒白色小纸片，纸上画着马、仙女、花朵，纸借风势，飞上天空，那是向天祈福。然后归农人每两人一列进入活动中心，藏民在门口为蒋宪彬和杜宇献上圣洁的哈达。会员斌紧跟着蒋宪彬和杜宇，在挂上哈达的瞬间，她感受到崇高的礼遇，也感受到了藏民内心深处的纯净虔诚和仪式的肃穆恩典，十分感动。接着藏民们在悠扬的歌声中，跳起了热烈而庄重的锅庄舞，每个人都抑制不住喜悦，沉浸在一种特殊的氛围之中。

马奈锅庄舞是国家非物质文化遗产，非专门的仪式人员不得参与。跳舞之前，藏民要在头一天晚上专门洗澡净身，第二天穿着干净的节日盛装，才能举行舞蹈和仪式。

然后，大家围着旁边的白塔转经，白塔上挂着五颜六色的经幡。藏民一边转，一边唱歌。

斌对作者说，参加完整个仪式，“觉得从身体到灵魂都变得干净了，觉得今天回去，不多卖点雪梨膏，完全对不起大家。”所有一百多名会员，都被仪式深深震憾，也对雪梨膏加深了认识。

在马奈乡，归农会员还见到了许多掉在地上已经干枯，却没有腐烂的野苹果。让他们深感这片土地的神奇。

参加完马奈锅庄仪式，会员们又乘车继续往金川县城进发，经停广发寺，见到了藏传佛教的活佛，活佛专门为每个归农人灌顶加持，此后所有雪梨膏产品都专门经活佛念经开了光，所以雪梨膏包装盒上都有两句话——“每盒梨膏都经过活佛加持，仪式庄重虔诚，为您祈福；藏区果农以佛徒慈悲之心承诺：本品所用雪梨原料确保绿色天然。”

随后参观乾隆御碑，正是两三百年前两次大小金川之战，让金川雪梨走出了大山。

到了金川县，县农业局领导出面迎接归农人，一路讲解雪梨的相关知识和历史渊源。接着一行人来到杜宇的金雪梨果业公司参观，在高大的雪梨膏生产车间里，归农人看到了一条大大的横幅，深受感动，上面写着“金川欢迎您——归农家人们”……

2018 年 5 月 2 日，四川卫视对金川雪梨产业的发展进行了新闻报道，这条横幅出现在了新闻里。

此次金川之行的所有点滴细节，蒋宪彬都让人做成了归农内容营销的素材，所有重要过程，都以图片、视频、文字形式进行了编辑制作，广泛传播。因此归农举办活动的目的不仅仅是活动本身，还是为了达到背后更深层次的目的——让内容有层次、有递进，用于更广泛的传播，深层次推动雪梨膏的进一步营销。效果如愿达成，数十万归农人看见这些内容不无深受震撼。

雪梨膏成功之后，归农发展一日千里，在商城里将产品分为芦荟、精油、果蔬、粮油、干货、蜂蜜、吃荤、特色、食养、特区等多个系列，又陆续上了与日常生活息息相关的上百款产品，如能发芽的井冈山生态大米、井冈山冷水田晚稻籼米、江西野生山茶油、泰和乌鸡补酒、泰和乌鸡蛋面条、东北自然成熟的紫椴花原蜜、西南最出名的昭通苹果、中国葛源产地的葛粉、江苏高邮咸鸭蛋、高邮松花皮蛋、湖南祁东黄花菜、新疆拜城红提干、秭归伦晚脐橙、赣南脐橙、桂林夏橙、营养减肥冲调饮品素饮、金川苹果膏等，以及万非的芦荟系列产品，如芦荟水、芦荟面膜、芦荟胶、芦荟洗面奶、芦荟洗发露、芦荟玫瑰精油、芦荟沐浴露、芦荟牙膏、万非修复冻干粉等产品，还有各种精油如茶树精油、薰衣草精油、玫瑰精油等，还包括红薯膏、红糖姜茶、盐源苹果、礼泉苹果、雪莲果、百香果、小龙桃酥等产品，还有各个时令的地方特色产品如大闸蟹……

以上产品，多数是国内该类产品的原产地，是生态天然的地理标志产品。归农用这些产品自身的内容大做营销，解决了当地的滞销，还一定程度实现了普通家庭的"消费升级"，一定程度实现了归农的三大愿望之一："让普通消费者也消费得起天然生态的农产品。"

只要信息和物流足够快速便捷，一心兴农并站在消费者立场"为消费者把关"的归农，就能将过去外界"不知道"、当地"运不出"的好产品，卖到全国。

商业何为？顾客不是上帝

经历多年曲折之后，金川雪梨膏的成功，推动蒋宪彬更加深入地思考，他的思想进一步趋于完善。

最能动销的产品，是既有品质又有内容的产品。消费者要的是产品品质，但也本能地对产品背后的内容故事，充满好奇，而且只有了解背后的内容，消费者才能真正了解产品究竟好不好，是否值得长期购买，也只有深入了解后，才可能成为产品的忠实拥趸。换言之，爱上任何人爱上任何事物，一定源于深入的了解。

但是，有一个非常普遍的问题，消费者不懂产品，两眼一抹黑，无法对产品的优劣好坏作出判断和选择。为什么？

因为消费者无法深入了解产品的品质，或者没能力，或者没时间，或者不屑，不愿意，没心思。可能他很想了解，去产地深入考察，但可能没时间；可能他有时间，但是可能又没能力，没有这方面的专业知识储备；他还有可能不屑，这不是他时间精力投入的方向……总之，普通消费者不可能去考察求证他生活中需要的每一种产品，绝大部分人都没有这样的时间精力，因此消费者面对产品，都是外行，他们会非常茫然，不知道什么产品好，什么产品不好。

最后消费者根本就难以辨别各类产品，尤其是农产品的优劣，在水果店，只能凭感觉，选择光鲜好看的购买。但什么叫品质？你认为的品质并不是真正的品质。光鲜好看，往往是生长素、催红素、膨大剂、保鲜剂等做出来的，它违背了作物的生长规律，不健康更不好吃。蔬菜、肉类同样面临这些问题。

之所以如此，一个极重要的原因是，听从顾客才能实现销售，于是出现了巨大的矛盾——内行将就外行，商家厂家这些内行按照外行顾客的想法，做产品上产品。这时顾客还是上帝吗？顾客并不是上帝。

那么，现代商业的真实，究竟该怎样理解？蒋宪彬认为，这涉及现代商业的本质，他说，“现代商业的本质，是为消费者把关”。蒋宪彬为什么这样说？

我们先看看传统商业的特点是什么。

古往今来，传统商业被称为商贩、贩运，大多赚的是空间差和时间差的钱，把甲地的货贩运到乙地去倒卖，丝绸之路、茶马古道、荷兰的海上马车夫，商人们干的是物流运输的事，赚的其实是物流的钱。赚时间差，比如囤积居奇，低价进货囤积到物价最高的时候再卖。这时信息显得极其重要，甲地出产的货在乙地很紧俏，只要更早得知这一信息，谁都有机会致富。赚时间差，也必须掌握价格涨跌的规律和当下的信息波动。

因此传统商业的关键要素，是信息，而且信息要保密。

蒋宪彬总是爱在微信群里分享他父亲的一个真实故事，说明信息不对称确实需要理性看待。他的父亲是乡村教师，也会行医看病，乡亲们有个头痛脑热就找老先生拿药。其实老先生看病不收费，只为助人行善，解除疾苦。他用的药，基本都是房前屋后采的。同时病人只追求短期效果，要求吃了药立竿见影。

针对这种速效心理，老先生用了一些办法，把药晒干，打成粉。如果是治风湿痛，就将两片去痛片碾成粉混在药里。这样，病人吃下去立即就不痛了，他就有信心继续服药。如果不加去痛片，可能连服一周都不见效，病人会说你骗人。其实最终起效的是那些草药，只不过你要让患者坚持吃这个草药，必须加点立刻见效的东西。

蒋宪彬讲这个故事，最后想说明一是消费者绝大多数不懂行，二是好东西见效其实是相对的。但消费者不懂，都想立即见效，这就违背规律了。某些商家为了迎合消费者，也就加一些立即见效但并不治本的东西，或者只用治标不治本的东西，导致问题重重。

总之传统商业时代因为生产力低下，物资匮乏，信息闭塞，商品最本质的属性即价值的真实性被极大遮蔽和忽视，这种情况少数人用来做好事，很多人用来做坏事导致假冒伪劣泛滥。

今天一切信息已高度对称，社会任何一个角落发生的事，可以立即通过移动互联网瞬间触达每一个人，地球已成为一个村落，信息已经没有空间和时间的局限，已经没有稀缺性，已经不是少数人独占的商业机会，是公开的、共享的、透明的，商品自然也就没有了空间差和时间差产生的利润，因此商业的本质属性里，信息已经不是最为关键的要素。

同时，四通八达的铁路网和高速公路网，使物流快递行业高度发达，物流已经由专业公司提供高效精准的服务，运输环节已从商人贩货的传统中退出。显然，货物贩运也已经不是现代商业的特点。

如此看来，传统商业"信息+物流"的关键特点，在当下已经被颠覆。

可见现代商业具有强大的颠覆性，电商就是如此。但是电商平台只是颠覆了业态形式，并未颠覆实质。

众所周知，当下某些知名传统电商平台，商家可以自由注册进入，他的任何商品都可拥有这个展示窗口和交易平台。随之出现一个现象，某些电商平台上大量商家的商品，品质低劣，粗制滥造，几乎失去了消费者的基本信任。

我们在全书第二章用博弈论的一个原理"纳什均衡"，对传统电商低劣货泛滥已作了解释。中央电视台一套《焦点访谈》在2018年7月30日，曝光传统电商平台商家做假，将消费者差评改为好评；8月9日，《焦点访谈》再次曝光传统电商平台的商家普遍存在成交量做假的刷单欺诈行为。

这说明什么？说明传统商业假冒伪劣成灾的问题，在电商时代仍然普遍存在，说明传统电商平台依然无法解决商品真实可靠的问题，相反伪劣做假还变着花样更具欺骗性地存在。

这个时代，商业何为？商业何去何从？

归农何为？构建全新消费价值观

这需要探寻商业的本质。

其实办公司做企业，必须明白三件大事，“取势、明道、优术”。人心的真实在“道”，时代的真实在“势”，“术”必须符合“道”，“道”必须符合“势”，大势是不可逆的，首先必须顺应潮流，站在潮流大势的最前沿。

那么，2015年归农创立以来，蒋宪彬究竟抓住了什么样的时代“大势”？

——这是一个“消费升级”的时代，商品价格与价值日趋接近，人们越来越追求质朴自然的生活。物质条件极大丰富之后，社会趋势在发生变化，中产阶层的崛起，意味着人们对品质生活的追求日益普遍，而且理性地“只买对的，不买贵的”，人人都有身份之时，就不需要昂贵的东西（包括品牌）来彰显自己的身份，而是越来越强烈地追求品质、自然、健康和更优的性价比，返璞归真，对质朴自然的乡村文明越发有亲近感，对原生态、纯天然、绿色环保、不使用化肥农药的无污染农产品也更加倾心，正如一句广告语“只有一颗赤裸的心，才配穿上泥沙”，人们热衷自然简单，无印良品、优衣库等品牌才快速崛起。

这倒逼商业在行销模式上发生了改变。近十多年来，商品外观日益简约，花俏的东西变得朴素，产品不过度加工，不过度包装，也不过度炒作，人们追求真实自然的人文情怀，注重在产品中注入精神，典型的如苹果手机，其外观简约而内涵丰富深入人心，人们发现以简约方式呈现事物复杂的内涵，充满美学的魅力。

整个社会的工业美学、生活美学都在发生改变。

但是，现实中还是有巨大的差距。消费者对什么样的农产品是自然生态的或适合于自己的，几乎一无所知，“消费升级”的心理需求与消费者对产品不懂行之间，形成了一个巨大落差。另一方面，无论传统平台电商，还是社交化的传统囤货微商，这些电商都有一个共同的最大特点就是，产品除了图片，都看不见摸不着，无法体验，消费者极有可能更加无知和茫然。

面对两方面的关键问题，营销人该怎样做？商业何为？归农何为？

那么，为什么不反向思考，成立另一种独特的专业公司？这样的公司，不站在商家的立场，而是站在消费者立场，"与消费者是一伙的"，一切为消费者着想，代表消费者从全国市场选货，严格挑选符合消费升级理念的农产品，然后推荐给消费者。

这样的公司必须高度诚信，高度讲求真实，讲求价格尽量与实际价值相符，讲求最优性价比，这样，消费者就可以完全信任这家公司，无须需亲身体验就可放心地从这家公司低价买到真实可信的产品。这样的公司非常专业，"知道消费者要什么"，有足够的时间精力和专门人才在全国各地寻找、挑选最好的地理标志产品和绿色环保产品，挑选值得信赖的、质朴的，或者最适合的产品，推荐给消费者——凭着消费者的信任和公司的诚信、专业，这样的公司就可以"为消费者把关"，代表消费者选货。

消费者与这样的公司之间，有一种无形的"委托—代理关系"，真实、诚信和价格合理，是二者互信的纽带。这样的公司不断在全国寻找产品线索，深度梳理和审视产品的品质价值和各种内容，就是为消费者把关。一旦通过，确定向消费者推荐，这个过程的点点滴滴，也是最重要的内容营销素材之一。

这样的公司是生活家，顾客需要听从它，"你用三秒钟做决策，我用三年替你把关""在你无法把握的地方，我为你死磕到底"，这样的公司甚至比你更了解你需要什么，公司帮你花心思，比你更讲究，比如去捉摸什么样的大米有什么样的营养。他们比一般用户先用，花的资金、时间更多，也懂得更多，他们作为体验者，秉承真实真诚的理念，作为你的朋友告诉你，什么样的产品是好产品……

同时，"不会忽悠你，说这是世界上最好的东西，但是会告诉你这是世界上最真实的东西。"蒋宪彬说，"你只为这份真实付费。"

——这就是归农，归农就是这样一家“为消费者把关”的公司，这也是归农为消费者创造的价值。它还告诉消费者它是怎样把关的，怎样辨别的，教人把关，让消费变得更加理性、透明，生活更加有品质、有智慧，更健康。而且归农没有层层加价，而是敢于一切透明，甚至透明到让数百名消费者直接与厂家见面。

让商业没有欺诈，这是蒋宪彬的情怀，也是归农的品牌理想，关键是，蒋宪彬找到了一个使之落地的方法。案例的说服力是强大的，归农挑选出的雪梨膏成为爆款，被消费者大加追捧成为一种商业现象，是有目共睹的。

雪梨膏的案例，似乎揭示了商业的某种本质，因为消费者需要的是商品的功能，消费者只为这种真实可靠的功能付费，或者说，消费者唯一的诉求，是为适合于他的真实付费。

比如归农的美容护肤产品芦荟，其美容功效完全天然，因此归农不需要吹牛说加了高科技、神奇配方等，实事求是，只需要承认它是芦荟，并告诉消费者，产品就这样简单真实。然后再说芦荟有什么作用，把芦荟的知识全面介绍给消费者，消费者从“不知道”变“知道”，成为一个明白人，成为内行、达人，对芦荟说得头头是道，此时她自然会忠实于这款产品。其实她是忠实于产品的真实。

又比如归农的一款产品素饮，不贵，一百元左右一盒，但是有很好的功效，“我们并没有把它包装成保健品，它就是普通食材，然后按照我们的搭配，你吃它可以减肥，没有任何副作用，还保证营养。但其他许多人，就会把它包装成一个概念，炒作成一个神奇的东西，1000元一个疗程，忽悠你，骗你。”蒋宪彬说，“归农的产品原则是‘一切源于天然，真实高于一切’，不夸大，不高价，它就值那么一点钱，凭什么把价格做得那么高去骗人？高价暴利产品，从来不可持续，所以归农只做微利产品，以量取胜，把农产品尽量多地销售出去，帮助到农民，‘让农民有一份合理体面的收入’，同时因为低价，‘让普通消费者也消费得起生态天然的农产品’，这是归农的三大愿望之中的两条，是情怀，也是使命。”

不同的苹果可以有不同的吃法。如果你要慢慢嚼，体会苹果的鲜美，归农会建议你吃昭通苹果。如果你要榨汁喝，昭通苹果可能有点贵了，归农7.9元一斤，榨汁还吃不出苹果的风味，这时归农会建议你买礼泉苹果榨汁喝，又大个又便宜，4.5元一斤，三四个苹果榨一杯，爽口又实惠。这样一推荐，你就会慢慢成为明白人，明白真实，成为用智慧生活的人。“我们告诉你这两种苹果的不同特点，告诉你真实的差别，你掌握真实之后，再自己选择。”蒋宪彬说，这是一种真实的生活之美。

——这就是真实高于一切，最终真实才能占领消费者的心智，因为只有真实值得信赖和尊重，只有真实的才是有效用的、有价值的、可持续的，才符合现实需要，以及发展规律。而最适用于真实的技巧是无技巧，直接呈现即可，“告之实情更强大”。尊重真实，就是尊重消费者，也是尊重自己。

这时你可以发现，商业的本质并非低买高卖，你20元钱进的货转手卖200元是令人反感的，是被拒绝的，商人的价值一定不在这里。实质上，商业的本质是为真实的效用付费，商品的真实效用是恒定的，它的实际价值也就是稳定的，并不会因为在不同人手里使用价值就不一样，因此低买高卖让人反感——因此商业的本质，实质上，就是为真实付费。

商业即“贩”，贩的含义即一手交钱，一手交货，双方必须认可货物完全真实，双方交换的是真实性，是恒定的使用价值。这才是商业从古至今未变的本质——因此现代商业的本质，即为真实性把关，换个角度，即“为消费者把关”。这也是商人的价值。

显然，这样的产品一定会受到“消费升级”时代人们的追捧。它将形成社会的多赢格局，一是消费者可放心获得最真实适用的产品，尤其是绿色天然产品；二是假冒伪劣产品将没有市场；三是价格真实不虚高，最大程度保护了消费者利益；四是低价促进了农产品销量，刺激了生产，最大可能地实现了归农“一心兴农”的情怀，“让农民种植有一份合理体面的收入”；五是最终促进了整个产业链和地方经济的良性循环……

共赢格局，让蒋宪彬认定“为消费者把关”就是现代商业的本质，把关的原则是，“一切源于天然，真实高于一切”。

——这被称为“归农消费价值观”，这是适合于移动互联时代的一种新型消费理念，也是一种归农生活美学，拙朴、简单、自然，有品质而且自在。

不过，真实也是辩证的，适用于你，你用着感觉好，是有切实效用的，对你而言就是真实的，“最合适的就是最好的”。总之，你只为你所满意的这份真实付费，价格永远贴近实际价值。

秘诀：化解“买卖对立”

共享真实，共同受益，因此一切都是平等的。相较于传统商业思维而言，归农的这种全新消费价值观，无限接近移动互联时代的精神本质。至此归农与传统商业之间，出现了许多“冲突点”，这些冲突点，正是归农的创新价值点所在。

比如买卖对立的问题。传统商业思维里，买方和卖方是隔离的，是对立的，信息不对称，缺乏真实性，相互保密隐瞒欺诈。这种模式，卖家的利润是从买家手里赚的，我 20 元钱进价，卖给你 50 元，我从你手里挣了 30 元，但是我不能让你知道我挣了 30 元，最常说的是我不赚你钱，最多只挣了你 3 元 5 元，无所不在的欺蒙隐瞒，导致买卖对立不信任。尤其是那些打着现代社交电商之名，行传统零售层层加价分销之实的传统囤货微商，曾经很火爆，现在臭名昭著，陆陆续续都倒闭了，无法长久。

这种加价分销的传统囤货的微商是怎样的模式呢？这个问题我们在第三章“蒋宪彬的‘微商方法论’”中已有简述，在此详述。

会员丢丢给作者讲了囤货微商的实质，丢丢的朋友曾经做过美容的水光针，一支进价几十元钱，卖一支能挣 80 元，朋友觉得好卖，一次进几支，一下就卖出去了，她再去进货时，对方要求她进 10 支，卖完再次进货的时候，要求她进 50 支，每次进货都阶梯式递进，她就觉得我 10 支都卖完了，我 50 支应该没问题吧。

但实际上她的朋友不一定会复购，许多人买一次就不买了，这时她囤的货就积压了，心理也发生变化了，一开始她不愿意在朋友圈发产品，不停刷屏很烦人，但刷了屏万一有人买呢，总要销一点货吧，不然货囤在那儿过期了就废了。这时她的心理发生了变化，因为她投了钱，就想着怎么把它销出去，有点不择手段了。

于是她天天刷屏，天天晒又去什么泰国旅游，公司又送我们什么什么了，什么骨干人员又买了什么豪车玛莎拉蒂，一看就很假。她明知道很假她也要发。心态变化之后，她就急功近利，很假的事也去做，不得不骗人了。

这样的模式层层设套，吸引想挣快钱，想一夜暴富的人。现在那么多人上当受骗，就是觉得别人都能挣到，说不定我去赌一把也能挣到。然后就把下一个人——把你招进来，你做小代理，我做大代理，不停地招代理，不停地一层一层加价往下囤货，越到后面进价越高，越卖不动，最后全囤在手里。

这种方式做到一定程度就不可持续，因为都在朋友圈里卖，你又进了更多的货，能买的这些朋友都买过了……也就是说，你进最多一次货的时候，其实也是你的渠道资源消耗殆尽的时候，你的会员已经消耗光了，你却进了最大量的货，你一定会卖不动，囤在手里无可奈何。

这种层层加价分销的囤货微商模式，是一种伪商业模式，本质上违背了移动互联的时代精神，违背了网络化平等透明的社交法则，移动互联网中任何一个点与其他点都是直接交叉连接的，那么这个网络就是平的，就没有层级之分，自然价格就应该是平的，一个价。加价分销模式却是金字塔层级式的，注定是反趋势反未来的，一定无法持续。

传统商业和囤货微商这种不透明的加价分销，最终导致一种普遍现象，买卖双方不信任，“买卖对立”，所以人们总是说，“无奸不商，无商不奸”。

但是归农的模式，契合了社交分享的场景，与朋友间天然的信任关系高度一致，因为是朋友，交易价格是透明的，我能挣多少钱，我明说，利润透明，奖励制度等全都透明，任何人都不用担心你推荐分享给别人的是一个加了多少钱的高价，没有人怀疑你坑了他的钱。

“社交电商为什么存在？因为电商卖的东西，看不见摸不着，太贵了人们不敢买，因此社交电商不可能卖最昂贵的东西，只能卖最适合大众的日常消费品。而且，消费者看不见也体验不到产品，只能建立在对平台的信任之上、对推荐的朋友的信任之上，而对朋友的信任是天然的，换言之，朋友之间最适合做真诚真实的社交电商。”蒋宪彬说。

朋友之间，一切都必须是公开透明的，比如一瓶雪梨膏 69 元钱，我分享给你，你买了我能得 6.8 元钱，但是这是归农公司奖励给我的，不是从你手里赚的，因为我帮归农销了产品，而且归农还将其中另一部分钱返还给你，相当于打 9 折。这有什么不好呢？你到别处去买，这个钱别人全赚走了，你我没有一分钱的好处。如果你不光想省钱也想挣这个钱，你可以再分享给别人，就这么简单。这一切都给朋友坦然明说。

就像以前商业模式里的一种情况，我到某个饭店吃饭，太好吃了，我一说我的亲朋好友都来吃，老板就给我一个抵扣券以示奖励，希望我介绍更多人去吃。这与归农的奖励模式是一个道理。因此这一点是明确的，我得到的 6.8 元钱是公司感谢奖励我的。如果我直接从你手里赚，我就可以加价，还想加得越高越好，这就成了传统商业的逻辑。但我的奖励由归农公司给，它必须是一个统一的奖励比例和奖励金额，因此归农的全国零售价也必须统一，任何人买都是这个价，这样才能对整个渠道价值链进行管理。

这就是传统差价模式和归农共享模式的本质区别，可以说归农没有买卖，只有共享，分享同一商品，共享同一价格。因此归农与囤货微商相比较，是基因完全不同的另一个“新物种”。

俗语说“王婆卖瓜，自卖自夸”，自己卖的东西，再差你都说好，所以别人不信你。这种逻辑演变成你再有道理，说的再是事实，但是只要你站在我的对立面，你说得再天花乱坠，不外乎想从我口袋掏钱，那我就不相信你。买家与卖家，始终是对立的。

但归农的模式，跟所有消费者是站在一边的，它代表着消费者的利益，它站在消费者的立场，为消费者把关；消费者也站在归农的立场，因为他们自己也是将这些商品向朋友推荐的人，想的和归农完全一样。这样，消费者和商家完全一体化，二者“你中有我，我中有你”，每一个分享者也是消费者，既推广又消费，买方同时也是卖方，卖方同时也是买方，无论谁消费或是推广，都可以得到由归农给予的相同比例的返利，买和卖两种身份，在归农体系内是同一的，你是一个消费商，你就一个身份，没有人格分裂，没有内心矛盾，也就化解了买卖对立，传统零售业"买卖对立"的矛盾也就不存在了。

化解买卖对立，是归农非常重要的使命和成就，也是归农提倡的"友善的商业文化"。

移动互联时代的本质就是"你中有我，我中有你"，归农的模式完全符合这一时代本质，因此蒋宪彬才敢说，归农不是链接平台，不是平台电商，而是移动互联网生态的一部分。

正因为"你中有我，我中有你"，归农才能获得所有消费者的信任，成为消费者的代理人和代言人，受到消费者和农户的欢迎。

归农"化解买卖对立"，不仅仅是理论，还有许多案例。对2016年桂林夏橙烂掉，会员丢丢心态的变化过程，就是化解买卖对立的过程。

当时夏橙包装箱不透气导致所有水果变质，所有会员收到的货全是烂的，解释，不停地解释，理赔，不停地理赔……丢丢自己收到的货也是烂的，本来她就很生气了，她群里的会员又一股脑地找到她吵闹索赔，这一来火上浇油，她就把一肚子的情绪发泄到归农总部，认为都是公司的错，责问为什么搞成这样，觉得很气馁，心情烦躁，不愿再推广了。

这时，除了朝英姐之外最优秀的另一个会员曾的说话了，她直接把丢丢骂醒了，"你这是买卖对立！你完全把自己当成一个消费者，你这样的情绪会导致你下面的人全都是消费者心态，觉得自己是上帝，必须被满足和呵护，都只把自己当成买方了，会导致和归农对立，买卖对立。事实上，你和你的所有会员也是卖方，你下面的人是从你这儿买的，奖励你得的，你事实上也是店主，你是消费商，两种身份合一，你应该有责任有担当把下面的事处理好……"

曾的这一骂，丢丢醒悟过来，再也不生气了，而是笑脸面对所有诘难，该解释解释，该理赔理赔，一切心态平和，按归农的售后赔付制度处理，最终平安无事，顺利解决了问题，所有人也都高高兴兴，没有了怨言。

"所以千万不要情绪化，你要有卖家的服务意识，你肩负着解决问题的责任。每一个会员都是推广者，要有服务意识，才可能做好归农。"已在归农做得很成功的丢丢，对作者如是说。

第七章

内容电商新物种

这就是移动互联网时代市场渠道的特点，以内容打动人心。移动互联网的时代，就是内容营销的时代。互联网，其实就是传播内容的媒介。

——以内容营销为差异化核心竞争力的归农，实质上已经与其他社交电商完全区隔开了，它是一个“新物种”，完全可称作“内容电商”。这是一个前所未有的提法，但却非常本质——无须夸张矫饰，而是以实实在在的产品内涵和内在价值作为市场竞争力，这就是对本质的回归。

内容为王，“道”“术”一体

化解了买卖对立，每个人既消费又分享，消除了内心的阻力，归农的路径就很清晰了。蒋宪彬一边确立理论，也一边践行，这些年带着团队走遍全国各地寻找产品，为消费者把关。然后把考察过程录制剪辑成视频，作为内容营销的利器广为传播。

比如2014月11月、2015年4月、11月和2018年4月，他先是自己一人，后来数次带领全国几十到上百名会员，考察云南元江万亩芦荟基地；2015年5月，考察浙江兰溪养蜂合作社；2015年5月，考察上海崇明岛生态大米基地；2015年9月，考察江西泰和原种乌鸡蛋进行众筹；2015年11月，考察江苏扬州邵伯湖大闸蟹实现众筹；2015年11月，考察湖南祁东县黑菱角进行众筹；2016年4月，考察陕西礼泉苹果助农众筹；2016年5月，考察广西桂林夏橙众筹；2016年5月，考察江西上饶横峰，体验挖葛；2016年6月，考察湖南祁东黄花菜；2016年10月，考察云南昭通丑苹果；2017年5月，考察江苏昆山玫瑰园；2017年3月，环海南岛考察热带水果；2017年11月考察四川金川雪梨产地和雪梨膏生产加工；2017年12月10日，400多名会员来到成都参加“金川雪梨膏推介会”，获当地政府和13家新闻媒体支持；2018年3月，130多名会员来到金川雪梨膏产地，实地见证全世界最壮观的梨花之海……

每一次考察，都是见证和把关，考察过程本身就是内容营销的实证性资料，具有天然的传播力与说服力。这些真实的内容环环相扣，层层包含，形成了用内容推广内容的态势，所有内容都指向一个目的：打动消费者，改变消费者认知。

这个过程中，蒋宪彬发现归农就是内容的生产者和推广者，并以此树立了归农品牌。他认为，在社交网络上通过生产和推广内容来实现产品的推广，可称做“内容电商”。蒋宪彬认为，这才是社交电商最深刻的实质。

内容才是武器，产品不具有内容的传播力也就无法实现传播裂变。

因此无法内容化的产品，归农不做。设想，假如雪梨膏没有藏区的人文内涵，没有“花果同树”的奇观，没有《阿妈的雪梨膏》这首动人的歌……没有这些内容，这个产品将会多么苍白。当你无法用某个话题将用户和产品像纽带一般连接起来，你就和其他电商没有多大区别。

其实，这就是做文化，内容就是实实在在的文化，有文化才有魅力，有魅力才有实力。

有内容，才符合社交电商的本质，因为社交就是相互间传播信息，好看、具体、独特、感人的内容故事，必然是最强大的信息，它是一种文化，实实在在地就在那儿，逐步人所共知，逐步聚集人心，这样的文化影响力，谁也无法遮蔽和阻挡，什么都可以阻挡，只有文化是挡不住的，所以内容电商其实是一种文化新媒体，它运营媒体，传播文化内容，以达到销售产品的目的。

因此蒋宪彬说，“本质上，我们这一群人就是内容创业者，是内容提供商，我们就是内容电商”。归农生产内容，成千上万的会员也会在传播内容时进行内容众创，进行二次创造，不自觉地或主动地把自己对内容的理解和对产品的亲身体验融合到传播里，他的感悟，他的体会，他的经验，他的角度，每一个人都不同，都融合进去，最后形成一个庞大的内容众创的机制。由于归农已经提供了丰富的基本内容和观念，因而众创万变不离其宗，形成多姿多彩又实质统一的传播现象。

在内容众创的过程中，每一个众创者自己的性格、人格、信用、个人魅力、别人对他的认同等，也必然融合到他的传播内容里，这时他推荐的产品不仅仅承载了内容本身，也附带承载传播者的人格人品，因此，人和产品也是一体的，归农会员卖产品，其实也是卖人，卖自己，人越有号召力，产品越好卖，当然也可以卖他人，比如蒋宪彬、朝英姐，用自己用他人为产品背书——这叫产品人格化。

因此，“你比别人先用，比别人懂得更多”，就这两点，你就能进行内容营销。

传统商业则不同，根本不要求进行二次加工，只有产品说明书那一点枯燥的内容，无丰富的内容故事可言，源头没有内容，所有人就不懂内容，导致渠道对内容无传播积极性，也就无法深层次打动消费者。或者一加工一传播就走样，信息越来越不准确，后面的人会产生曲解，而且无法修正，因为源头没有内容素材标准，所以一变就乱。而归农提供丰富的原始内容素材，文字、图片、视频丰富精彩，鼓励传播并鼓励传播者对内容进行众创，传播者就有欲望有积极性加入自己更多有活力的体验性内容，内容主体来自源头，不用担心变得一片混乱，也更有说服力。

仅此一点，传统商业与归农这样的内容电商相比，就缺乏深度与温度，缺乏自信与力量。

这是归农与传统商业的“冲突点”，冲突点就是归农的价值点。其中包含着人心人性对知识内容的好奇心，遵循和满足人心人性，是一种“道”，在具体操作上则是一种“术”，内容营销就是“道”“术”一体，这本该被重视，却被传统商业所忽视。

总之，唯有产品背后的知识故事包括价值理念等内容，能实现对消费者思想观念的影响，能真实改变认知，占领消费者的心智。

其实这也是“为用户把关”。除了为用户把关产品，归农这种内容电商，实际上还帮助用户分析你想创业想额外增加收入时，你应该去做什么，应该怎样做。帮助你把有限的资源放到正确的地方去。只要你把产品背后的种种深度内容找到仔细一审视，你就会明白什么能做什么不能做，为什么不能做那种坑蒙拐骗的“神品”，为什么也不能去做没有内容的产品，而只能做有内容有话题令人感动的产品。这是道，也是术，归农就是道术一体。

社交心理驱动：没有成本的用户裂变

对于归农，分享就是对内容的传播。但分享要有驱动力，驱动力是什么？一个是利益心理驱动，一个是社交心理驱动。

利益心理驱动就不必说了，有利可图，是大前提。社交心理则有很多种，装酷，彰显个性，让人另眼相看，显得自己有品位有格调，又比如家国情怀，一吐为快，好为人师等，都是社交心理，都有追求他人认可的潜在心理动机，总之是在找存在感，找同类找归宿，因为人是精神动物，是群居动物，所以人一定有社交需求，这是由人的社会本质属性所决定的。这时，如果他发自内心觉得某个事情“很LOW”，会被同类人瞧不起，就算有钱赚他也很难去做，因为人活在别人的评价里，更是活在自己的观念里。

这就是社交心理驱动带给人们的行为决策。“消费升级”趋势下人们喜欢无印良品，彰显了消费者对质感、对自然、对简约的追求，这本身就是一种身份标签和个人喜好的表达，让人觉得有格调，有品位，希望引起别人的关注和赞赏，并吸引同类人，这就是一种社交心理需求。消费有独特内容的归农产品，显然也有这样的心理需求。

比如归农产品你销售一单，你赚不了多少钱，但是你还是很愿意去做，除了模式能让你快速积累、聚少成多，满足逐利心理之外，还因为归农的内涵、有格调、有品位、有情怀，说给任何人听都会令人感动，这就是在寻找同频，寻找同类，一可社交以彰显自己的品位情怀，二可以此收获朋友的心从而收获会员。社交就是信息传播与情绪交互的过程，但也是产品的推广过程，产品是社交的载体，内容是社交的实质，产品、内容、社交三者合一，因此叫社交电商——这是一种靠社交心理来驱动的电商引流、拓客拉新模式，所以蒋宪彬又称之为“人本社交电商”，强调了人的价值。

显然，产品有内容、有故事、有品位、有情怀，在精神和情感上令人打动，这才是社交电商的必备要素。社交的本质是内容，最深刻的社交电商是内容电商，否则不符合社交电商的深层次内涵，必行之不远。

因而你可以发现，要做好归农，除了牢牢抓住最大的前提——利益驱动，其他各种因素尤其是能调动各种人之常情的社交因素，都要尽可能用上，比如价值理念、好奇心、绿色健康、品格品位、家国情怀、感恩回报、扶助弱者、行善布施、彰显个性、情感情绪等等，在产品的内容故事中赋予这些因素，就会调动人们内心深处的这些情感。柏拉图说“一个人渴望什么，他就会相信什么”，这些情愫情怀，是人性永远的渴望，只要你具备这些内涵，人们就乐意与你深度沟通。这就是最有价值的内容。以上各点金川雪梨膏全都具备，而且用内容故事彰显得十分成功。其他太多微商只有利益驱动，往往就没有归农持久。

吸引人的内容，会占用你的时间。换言之，移动互联时代的营销，就是占用你的时间，谁占用时间最长，谁就是赢家。内容营销的第一步，就是一旦对这些内容故事感兴趣，你就会去阅读，就会占用你大量的时间。而阅读是寻求心灵共鸣共振的过程，或者说，阅读就是占有消费者心智的过程。阅读是直接进入心灵的，连心灵都占领了，还怕你不掏钱吗？这叫广告内容化，所有内容其实都是为了起到广告的作用，只不过与其他广告相比，归农是顺着用户的阅读心理来的，而不是用吆喝叫卖的方式去占用用户的时间。

归农有今天的结果，源于对事物本质作出了正确的认识并正确驱动。因此蒋宪彬认为，“营销的最高段位是内容营销”。

最后蒋宪彬发现，归农的确不是链接平台，不是链接消费者与农庄，而是会员人心人性沟通交流的一个移动互联网生态系统，是一个传播人心人性中的好奇心、各种美好情愫观念的一个媒介，它以生活所需的产品作为载体，以利益驱动大家都在这上面来玩，来沟通交流，提升自己的修养品性，聚集同好同道之人，让生活和人生更有品质。这种人与人之间的情感沟通，显然是一种不需要成本的裂变式传播。

优质内容特征：有料、有趣、有爱

换个角度看，社交心理驱动又可分为有料、有趣、有爱三个方面，利益心理驱动则体现为有赚。

每个人天然自带800万流量资产，但它是“沉睡”的，如果要唤醒激活，必须找到一个所有人为之心动的点。现在，这个神奇的“点”，往大了说是归农，归农的思想内涵是让人心动的，人们是愿意追随的；往小了说，是附着在归农产品上的“内容”，这个内容让人一接触到就愿意转发传播。但是，什么样的内容具有这种传播力呢？蒋宪彬总结为，让内容具备“四有”特征，即有料、有趣、有爱、有赚。

有料包括爆料，别人的隐私曝光算是爆料，还有一些别人不知道的幕后秘密。人人都有好奇偷窥的心理，都有探索未知的欲望。那你告诉别人，原来江西泰和的乌鸡和其他地方的乌鸡是不一样的，它是全世界乌鸡的“祖宗”，它上过神舟宇宙飞船，这是不是有料？或者我告诉你，昭通苹果和别的地方的苹果不一样，果肉切开后，昭通苹果不容易氧化变色——这些，本来你不知道，现在知道了，这就是有料。归农的内容能否使人主动传播？能。

思想和智慧也是有料的，因为思想和智慧本身就令人感动。

比如“只有一颗赤裸的心，才配穿上泥沙”，比如一辆奔驰的汽车，配上一句“不是为了离得更远，而是为了走得更近”，比如“所有的出发，都是为了回家”，比如“世界想把我埋了，但却不知道我是一粒种子”，又比如，“归农，放心于自然”，一语双关，饱含深意，一是对自然和来自自然的产品放心，二是将人心放到自然之中，返璞归真，回归自然。这都是人本性所向往的，比如归农的芦荟产品“心系自然，美由心生”，这些经典语言，常挂在蒋宪彬和归农人的嘴边，对听者的内心是有召唤的，这也多么有料……

归农人还非常推崇这样的语言，“如果每个人都是一条河，你想流到哪里？”“有所敬畏，方能无畏”“见过多大的世界，心才会有多大”“停下来，比继续跑更需要勇气”“给你背上行囊，你敢不敢不远万里”“一心清净，处处修行”“苍生如蚁，那些执念又何必？”“烦恼是明天的事，欢喜是今天的事”……

这些充满智慧的语言可以洗心，让越来越多的归农人心灵得到净化，也让归农越来越有精神的追求，将有精神追求有情怀的人聚集到一起，这让归农多么有料。

归农要不要做这种有料的内容营销？当然要。

有料，是信息的传播。有趣，则是情绪的互动。蒋宪彬在培训会上说：“社交最重要的功能就是获取‘快乐’。在社交场景中传播内容，必须是可参与的、互动型的、娱乐化的、有趣的。”

“我是骚客”，这是自诩为文化人，是给自己脸上贴金，令人反感。如果用自黑、自嘲的语气表达，传播的效果则不同。踩到香蕉皮摔一跤的样子令人发笑，而穿上正装走红地毯则只令人羡慕，并无趣味可言。互动讨论有趣，而强制说教则无趣……“有趣”有无数种可能，但这些可能都有一个共同点：放低自己，抬高别人。

社交还有另一个重要的功能，那是获得“温暖”，这源于“爱”。

世界上最无私最无功利性的，是爱，因为爱是人性之本，爱是一种力量。爱可以令人在参与群体社交时得到温暖，不管什么样的组织和人都讲爱，讲真善美。不讲真善美，没有爱的内容没有传播力。蒋宪彬常说“人性贪婪，人心向善”，丑恶都是隐藏起来的，有爱的内容才会被公众大肆扩散。

归农天生具备大爱，归农传播自己独特的理想、情怀、使命，推崇“自然农法”，是不是热爱身边的环境，热爱我们的子孙后代？归农用社群营销，用社交网络的方式，把藏在深山里最原始、最天然的农产品销售出去，帮助农民获得一份合理体面的收入，这是不是有大爱？成功推广雪梨膏，明显因为其中承载着助农兴农的大爱之心。

而且归农所做之事都双向受益，归农其实是在做公益，但并非俯视、怜悯农民，只是帮助农民，用户与消费者也因此得到了实惠与健康，双向受益，这就叫有爱。一是爱用户之心，一是爱生产者之心，爱商品之心，爱地球之心。这种有爱的事情，就是公益，就是情怀。有料有趣有爱本身已经很让人乐意分享了，而归农的分享还有钱赚，你参不参与？

归农的社交电商模式天生具备这“四有”，这四有作用于人的内心，会改变认知，改变认知则会根本性改变消费观念和消费行为。蒋宪彬进一步认为，任何产品只要符合社交电商选品的三大特点和内容营销“四有”的特征，开启800万个人流量金矿就不在话下。

当然，产品具有社交电商的种种特征，不见得立即就能打开你的朋友圈，不同的人从心动到行动的节奏不一样，许多人会立即行动，许多人会观察稍缓，许多人还需要缘分，需要时间的沉淀，所以时间是最好的朋友，浮躁是最大的敌人，只要你坚定持续，保持状态，一段时间的浸染之后，朋友们会纷纷加入，你会惊喜不断。

社群营销或者说社交电商的本质，是人与人之间的沟通，就是交心，因此蒋宪彬提出玩社群需要有“三个度”，深度、温度、宽度。深度是指聊的话题不能太肤浅，得有料；宽度指允许存在不同的声音，尊重不同的个性，有包容之心；温度是指人性化，饱含深情与温暖。没有这三个度，玩不好社群，更做不好社交电商。

他还提出“三心”，匠心、耐心、诚心。真诚任何时候都是最重要的，对事对人都要有专业钻研之心，没有耐心经不起时间的打磨和挫折打击，也做不好社群，做不好社交电商。

“三点”“四有”“三度”“三心”，是归农几年来对社交电商实践经验的高度概括。这就是移动互联时代市场渠道的特点，以内容打动人心。移动互联的时代，就是内容营销的时代。互联网，其实就是传播内容的媒介。

——以内容营销为差异化核心竞争力的归农，实质上已经与其他社交电商完全区隔开了，它是一个“新物种”，是“内容电商”。这是一个前所未有的提法，但却非常本质——以实实在在的产品内涵和内在价值作为产品的市场竞争力，这就是对本质的回归。

第八章

归农思想 VS 定位理论

归农思想认为，商业的本质价值是“为用户把关”，商业用市场手段进行社会资源高效调配。用户追求的不是品质最好，也不是价格最低，而是“真实”，而传统商业的忽悠欺诈违背了这一商业本质。归农则利用移动互联网一切透明、扁平、信息对称，人人市场化，人人都是 IP，人人都是信息中心的时代特质，让每个人在移动社交网络上发挥人际交互价值，用内容营销实现商业真实的普及，使个人商业价值最大化，推动现代社会回归自然，快速低成本发展。

定位理论的实质与传统商业是一样的

智慧是什么？是看清事物本质的一种能力。只有看清本质，才能本质性地做事。一定程度上，归农为消费者把关，追求产品的真实性及其丰富的内容文化，与传统理念甚至与定位理论的广告轰炸手段大相径庭，甚至有巨大的颠覆性。

蒋宪彬的思想，甚至颠覆了多年来整个品牌营销的基本思想和基本方法。归农的模式，极有可能成为一个源头，一个开端，在未来引领市场营销向一个完全不同的，更利于社会平衡发展的方向转变，或者说，极可能形成市场营销理论与实战的一个新流派。

美国人艾·里斯和杰克·特劳特在20世纪70年代创立的“定位理论”，至今被认为是营销管理学的圣经，四十多年来影响了全世界的营销界，成功打造了传统商业时代大量知名品牌。该理论认为，消费者的头脑心智是稀缺资源，需要去占领，因为消费者最熟知的品牌，永远只是行业第一品牌，人们只知道世界第一高峰是珠穆朗玛峰，第二高峰绝大多数人不知道。因此品牌营销最重要的一件事，是占领消费者心智，让他们认为你代表某个品类，是某个品类的第一品牌，你就能占有市场主要份额。

那么，创立第一品牌的关键是，研究你与市场其他同类品牌的差异化之处，差异化就是你成为你的理由，因此要突出差异化，策划设计与众不同的产品定位和品牌定位，由此区隔出一个以你为标志的全新的细分市场，这时你就没有竞争对手。然后，必须用大量的广告宣传暗示你的差异化、独特性是独一无二的，大规模的强势广告宣传之后，你就能占领消费者心智，消费者就会认为你是这个新的细分市场的第一品牌。这就是定位理论的基本思想。

这一理论在其系统内令人信服，的确有大量成功案例，它几乎成为传统商业时代无可动摇的真理。

但是，无数次被证明为正确的定位理论，也有不易察觉的缺陷。我们寻找定位理论的缺陷，是有理由的。著名的“哥德尔不完全性定理”已经用数理逻辑证实，任何理论系统都是不完备的，都有它自身不能克服的缺陷，在该理论系统内部看，这个缺陷不明显，但是任何系统都有边界，在边界处该系统的“不适用”就是它的“Bug”点（缺陷点），只有在更大的系统内，这个缺陷才能被解决，局限才不存在。那么，定位理论的不完备，体现在哪里？本书前面的内容已经有充分的提示，那就是——信息不对称，产品、品牌、行业本身的完整信息与消费者的认知不吻合，甚至高度不吻合。

定位理论诞生在传统商业的体系之内，传统商业充分利用“信息不对称”实现经营的实质，同样是定位理论的实质，因为信息不对称是那个时代的固有特质。最后我们可以发现，时代的缺陷，最终成了定位理论的缺陷。

定位理论，是基于信息不对称的一种营销方法论。企业利用消费者对产品、品牌的认知缺乏，进行差异化定位设计，用广告轰炸不断植入大脑，不断洗脑之后，消费者印象日益加深，这个品牌最终会占领消费者心智，成为消费者意识里某个细分市场的第一品牌，消费者一旦有需求，就会首先想到这个品牌。广告轰炸的同时，企业尽量按行业第一的标准去要求自己，然后消费者踊跃消费，该品牌市场日益做大，于是真的成了行业第一。

而蒋宪彬强调信息完全对称，强调产品内容信息的透明。归农代表着消费者的利益，它选择农业行业已有的标志性产品或最适合消费者的产品来推荐销售，并且让消费者对产品真实的种种内容信息完全知情，让信息完全对称，而不是像定位理论那样因信息不对称，而人为策划设计出一个品类最佳产品——显然，两种思维的逻辑有很大的不同。

这是信息对称和信息不对称，两个时代特质的正面碰撞。

当消费者真正懂这个行业懂这个产品，知根知底之后，广告轰炸效果就会变差。换言之，在信息对称的更大系统内，在今天这个移动互联时代，定位理论的缺陷会越来越明显。

显然定位理论是站在企业立场，而归农站在消费者的立场。定位理论站在消费者的对立面，最终会导致买卖对立。

当然，归农的许多方法与定位理论并不冲突，比如归农自身的定位，销售地标性农产品的定位等，定位理论差异化区隔产品和品牌的理念方法是不可否认的，是正确的，只是推广时的广告轰炸方法，与移动互联时代的特质，与归农思想有不可忽视的错位。

传统商业逻辑的这些营销手段十分普遍，整个社会的商业逻辑本身，就出现了一些问题。当消费者明白其中的手段之时，这种传统的行销模式就产生了两个缺陷，一个缺陷是消费者不相信你了，就算你说得对，我也不听你的，因为“买卖对立”；另外一个缺陷，产品真正好的一面，你也没有机会跟消费者讲了。

你哪有机会去告诉消费者你的产品有多好？消费者都不相信你了，各种硬广告再也没人看了。在过去的时代里，用户没有选择的权利，你要看电视节目，就必须看电视台强塞给你的广告。而现在，遇到广告，用户可以调台，可以快进，遇到自己不喜欢的人发送自己不喜欢的信息，可以屏蔽，可以取消关注……用户只选择自己认为有价值的、喜欢的。

随着互联网尤其是移动互联网时代的来临，用户的选择权逐渐放大了。

共享“圈子”与“面子”，归农思想挑战传统理念

归农思想与定位理论的广告手段是大相径庭的。

归农思想认为，商业的真实是第一性的，因为消费者才是最终买单者，消费者要的是真实，因此商人提供给用户的本质价值就是真实。当科技发展使信息越来越透明，商品来源、产地、品质、价格信息都透明了，对返璞归真的追求，让消费者也不再热衷彰显身份了，品牌就越来越不重要了。商业的本质，开始全面回归。

不热衷于用广告打品牌，产品怎么做市场？归农有归农的逻辑。

因为社交电商的传播方式与传统商业完全不同，消费者不是与广告、品牌、商品打交道，而是与人，与他的朋友打交道，朋友间的诚信与信任，成了产品真实性天然的背书。过去由广告品牌建立起来的信用、信任

都不必了，而是用对朋友的信任来替代，这个信任是朋友间天然的、已有的，不需要像传统商家那样为了建立品牌信任度去花大钱打广告，也不必招商投入，因此社交电商商品的价格去掉了这些成本，价格尽可能与真实价值相符了。它也不是让品牌出面去教育消费者，而是让人去影响人，让那些有影响力的用户，去影响他的朋友。

归农认为，用户追求的不是品质最好，也不是价格最低，而是"真实"。

在信任与真实的逻辑之下，归农曾经在礼泉苹果的商品页面向所有消费者公开成本，售价 4.5 元一斤的苹果在产地的收购价只要 0.85 元一斤。以往的营销理论认为，不能向用户公开你的成本，而归农则一切公开、透明，让他们真正搞清楚收购价 0.85 元一斤，加上选果、包装、装卸、人工、物流、损耗、推广、管理、售后、利润、奖励等一系列成本之后，一一把具体数额加上，它就理所当然地变成了 4.5 元一斤。每一环节的成本都公开，才能最大程度地取得消费者和供货方的信任。

高度透明的互联网，信息已高度对称，营销思想必然发生转变。你必须真实、透明，然后用朋友间的信任来与之匹配，来保障这种真实的传递。

生产者与消费者信息对称的结果，是渠道的扁平化，成本价格更加透明。这在传统商业是不可思议的，但正因为如此，归农一分钟可以卖掉 5500 盒雪梨膏，这个数字在传统商业同样是不可思议的！更不可思议的是，归农还坦率告诉消费者，雪梨在产地的收购价最低的时候，只要 0.3 元一斤。

众所周知，包括定位理论在内的传统商业渠道层层加价分销的模式，信息不对称是绝对的，信息必须层层隐瞒，上家不可能告诉下家他的进货价格和进货渠道，导致整个渠道内部纠纷不断。而且这样层层隐瞒价格，最吃亏的是消费者，所有渠道加价，最终都由消费者买单，支付高于厂价几十倍上百倍的价格……一些人的欢乐建立在另一些人的痛苦之上，这几近于"零和博弈"，换来的是双方的对立和社会的不和谐。

归农完全透明，还敢于把消费者带到厂家实地考察，除了出厂价，就是一个永远不变的会员价，无论是第一个加入的会员，还是刚刚加入的会员，购买归农产品都是商城里那个永远统一的价格，会员参与分享推广之后所得奖励，由归农平台直接给予，而不是一层一层从会员手里赚取。

做社群营销，其实跟卖货一点关系都没有，其实卖的是信任度、价值观、理想和情怀，聊得开心了，说得真有道理啊，说到心坎里了，朋友之间同频了，好，我把承载着我们相同理念的产品分享给你，我们要的是健康生活方式的分享，而不是要从你身上赚多少钱，所以价格才如此之低，这样销售就很容易达成。这时归农创造的是一种正能量，而每一个人都需要正能量，大家生活积极健康向上，家庭也和谐了，你认为世界充满阳光，那你看到的都是阳光，大家都愿意向着阳光。

传统的一些囤货微商，出厂成本不到 10 元东西，代理价从 58 元到 98 元不断加价，零售价卖到 168 元。看上去，价差很大，推广者一次就可以赚够。但这种微商都暴利杀熟，利润再高，只做得了一次。而归农的分享激励模式，品质真实，价格真实，薄利却可以多销，并且持久复购。从 1 个用户身上压榨 1 万元的利润，难度极大，并且仅此一次。而从 1000 个用户身上，每人获取 10 元利润却很容易，并且可以重复持续。

这就是归农的逻辑，大众日常消费品 × 回归价值的价格 × 高频次复购 × 广泛的人群覆盖，四者相乘，结果就是惊人的。

与众不同的归农，会有一些新观念点，如“产品是入口，社群是模式，用户是资产”，推荐人以内容化的产品作为切入口，激发用户的需求，并与用户建立交易关系，同时不断把朋友变客户，也把客户变朋友。然后，把建立这种交错关系的人聚合成“群”，用立场明确的消费价值观、生活美学观统领他们，不断运作社群，使之像漩涡一样不断卷入更多的人，形成更大的漩涡、更大的社群。在这个过程中，用户与推荐人的关系越来越牢固，最终成为推荐人的核心资产。这样的结果是，无论技术如何迭代，无论用户需求发生何种变化，用户群在，盈利变现的机会就在，用户，因此成为最核心的资产。

传统零售模式，不论一件商品经手多少次，每次交易都是一次闭环，每一次交易产生的利润差价只能一个人独享，货源来路对用户是保密的，卖家独享的。相较而言，归农通过减少交易环节，让本来一个人独享的利润差价，分出一部分给帮助自己介绍客户的人。在这种情况下，任何一个会员都不会介意把自己的用户介绍给推荐人，甚至是直接介绍给厂家，因为一切互联起来会使自己效益倍增，整体效益也会倍增。

这种移动互联时代的共享精神，让用户推荐用户可以永远持续循环下去。传统模式永远只能依靠自己能力去寻找客户，而归农的模式则可以发动客户去发掘无限的客户。

朋友把他的朋友推荐给你，这是“借圈子”，如果朋友还帮着你说话，这就是“借面子”。把东西让给别人，自己会因此少了这个东西，而把一个朋友介绍别人，别人多了一个朋友，自己却不会因此少掉一个朋友。无论是圈子还是面子，借出去给别人用得越多，对每个人产生的价值都越大，整体价值也越大。就像一本书，一个人看，与 100 个人看，成本没变，但是 100 个人受了益，书的整体价值也翻了 100 倍，这就叫“共享经济”。这也证明了互联网思维的深刻。

把圈子和面子拿出来共享，不赚钱起码也可以省钱，而且一分钱的风险都没有。你的圈子和面子，就是阿基米德的杠杆，利用归农这个支点，就可以撬动你的 800 万流量资产。

对于传统商业模式之下广告的高成本，著名的广告人约翰・沃纳梅克曾说，“我知道我的广告费有一半被浪费了，但我不知道是哪一半被浪费了”。意思是，明知有一半是无效广告，但还是得投；而且投得再少，有一半也是无效的。这就是广告忽悠模式本身的痼疾，它制造了大量忽悠喊叫式的无效投放，制造了每个人内心大于事实的认知泡沫，进而导致人们越来越不相信广告。

但分析可知，广告与电视节目同属一种“信息”，不同的是，前者令人生厌，后者令人主动搜寻。如果让广告变得与电视节目一样好看呢？让广告变得对观众有价值（有料），变得更快乐（有趣），变得可以交换情绪，获得温暖（有爱）呢？广告就变成了让人喜闻乐见的内容。

这就是归农的广告内容化。被浪费的那一部分无效广告作为垃圾信息，从此被淘汰。

进入归农你就可以知道，新的成功逻辑绝不同于定位理论和广告轰炸，它只不过光明正大地大声宣告它站在消费者的立场，把产品背后的事实讲给消费者听，天经地义就获得了消费者的信任支持。这时，归农追求的“拙朴、简单、自然”的产品与美学理念，也与社会潮流趋于吻合，这时商业不再是骗业，而是不断回归商业的本质，用真实为用户创造价值……

这就是归农，它的思想和实践正在颠覆传统，金川雪梨膏的成功，就是最引人注目的案例成果。它正在形成一个全新的营销理论和营销实战流派。

“心怀敬畏，方能无畏”。从社会认知的角度看，未来的不确定性、新的发现和新的思想，总会超出人们既有的知识和想象，我们应该对超越认知经验的事物深怀敬畏。对这个世界保持敬畏和包容，应该是我们最真诚的心态。

第九章

发现生活之美：拙朴、简单、自然

在这个物资丰富、消费理性升级的时代，归农倡导的“拙朴、简单、自然”的生活美学，高举着一面大旗——那就是：品质真实，价格真实！一切修饰的、花俏的、过度的包装、多余的功能、品牌噱头等，都去掉之后，剩下的，当然就是产品最本真的东西。“不负农人苦心，分享自然真味”，一句话，打动无数人。

聚众利他：蜜蜂精神就是归农的精神

如果你真心觉得某个东西好，你会情不自禁地把它分享给最亲近的人——这就是社交的基本表现，也是社交电商的魅力所在。这样的关系是彼此间最重要的爱和信任的关系，不容忽悠欺骗。进一步分析你会发现，任何一个会员都无须直接接触归农公司，他只接触向他推荐归农产品的朋友即可，同样他对产品看不见摸不着无法体验也没关系，他本能地知道，朋友在为他把关，他信任朋友，因而相信朋友推荐的产品。

因为“信任就是彼此把心打开，就叫开心”，信任和被信任是世界上最令人开心的事。所以朋友就是资本，信任就是信用。

归农会员之间，是一种亦商亦友的关系。这种建立在利益基础之上的朋友关系，叫盟友，盟友是有共同利益诉求并长期稳固共进退的一种朋友关系。

这时候，内环中环外环 800 万朋友圈的发掘，加上专业的把关水平，另一个利益点就凸显出来了，蒋宪彬说，那叫“聚众买，聚众卖”。

聚众买，是因为，归农产品的会员价本来就低，只有追求议价能力更强，进货成本才能更低，才有相对好一点的利润空间，给会员的奖励也才能更高。但是，你凭一个人的消费能力去跟供应商谈是没有议价权的，你总共才消费了 100 元，一年也就买那么一次。但是归农有两百万用户，每人买一斤就有两百万斤，归农能谈的价格和你去谈的价格有差别吧，肯定比你低很多。那归农要不要把消费者联合起来，要不要把各地有此种消费需求的人找出来，聚集起来？这样归农就有议价权，就能拿到一个更优惠的进货价。

所以，雪梨膏，包括大量归农产品第一阶段都采取众筹的方式，拼团，先锁定买方人群，锁定一个足够大的需求量之后，再“反向定制”，向供应商谈价格。成功之后，未来的进货价，至少可以低到这个众筹价，保证了利润。“我们合起来做一件事情比你一个人干强”，一句大实话，获利是大家的，归农只是组织者而已。

聚众卖，把产品卖给最多的朋友你才有最大的利益。这无须过多阐述。“人性贪婪，人心向善”，正因为人的这两个特点，每个人才能实现800万个人流量资产的裂变，他需要贪婪，要贪图金钱，但同时也要有爱心，要有正能量走正道，因贪婪而使爱心得到实现，因爱心而使贪婪被接受，人性与人心在这里统一起来，并不矛盾。

稻盛和夫说“利己则生，利他则久”，如果想长期利己，一定要先长期利他，利他终究利己，要有满腔兴农情怀，有一颗大爱之心，切实帮助到他人，才能长久地在归农这个生态圈内获得稳定增长的利益。这也是一种交换，不长期付出，得到的也将极为有限。

当你有一颗大爱之心，因为利他，你才能聚众卖，才能卖得久。犹如蜜蜂，恐龙时代就有蜜蜂，但是恐龙灭绝了，为什么蜜蜂没有灭绝，是因为蜜蜂利他，地球上80%的植物靠蜜蜂传花粉繁衍后代，没有了蜜蜂，这80%的植物就灭绝，这么多的生物依赖于蜜蜂，所以蜜蜂死不掉，它灭绝不了，这80%的植物又再往生物链上延伸，那就是吃草的兔子、牛羊，再到吃牛羊的老虎等，换言之整个生物链都与这只蜜蜂有关，实际上这就是蜜蜂的精神，像蜜蜂一样，勤劳、利他、探险，蜜蜂的精神，就是归农的精神。

而且蜜蜂本身就聚众，一窝蜜蜂成千上万，就像归农，聚集起成千上万的会员，但蜂王从来不发号施令，每一只蜜蜂都知道自己应该干什么，就像归农每个会员都知道自己应该有怎样的动力去向朋友推荐，蜜蜂组织有很好的基因，能够完全自动化地运转，永远持续地代代相传，以同样的机制繁衍运转下去，这样的组织机制，没有哪一个个体想到的是自己，永远尽心尽职，永远为他人而工作，为集体和组织而工作，分工永远清晰，没有一点混乱。蜂群这个神秘的组织，为什么能做到？

就是因为扁平，没有层级，除了蜂王，就是成千上万只没有杂念的蜜蜂个体，只要每一个个体获得相同的简单信息，整体就能呈现出一致的工作作风和状态，这和归农众多会员人人都在分享，人人都在做同一件事，是一个道理，而且这是一个讲究个人中心的时代，每个人都能充分发挥自己的潜力，当几十万上百万人都在尽力做同一件事时，它的力量何尝又比蜂群组织小？当人群数量足够大，人们行动的指令只需要足够简单的那么两三条，那么你手下的宠大群体就可能呈现出蜂群一样的具有高效能的某种总体特征。

物理学家已经证实，宇宙万物和人类社会的运行法则，其实都是遵循最简单的几条法则，遵循一个被称为“上帝的指纹”的非线性迭代公式“曼德勃罗集”：$Z \rightleftharpoons Z^2+C$，进行无数次有微小变化的重复，最终形成了如此纷繁复杂又有章可循有规律的世界。宇宙万物无一不遵循这个规律，比如宇宙万物的运行规则，即“自组织”“能量守衡”“$E=MC^2$”等。

又比如归农，最简单的三条行动原则是，“内容营销”“自用省钱，分享赚钱”“六度人脉”，只要遵循这三个方面的基本原则，成千上万的人就可以遵循它高效行动起来，同时归农的三大愿望和“不负农人苦心，分享自然真味”，以及一心兴农、改善地球生态的抱负情怀，也会让人从情感上被打动，从认知上倾心，更加用心努力于此，所以朝英姐、曾的、娘娘、妮可、韬妈、心海灿烂等成千上万的归农人才能迅速成功。

重要的是，“物以类聚，人以群分”，他们遵循同样的行为规则，就会呈现相同的思想特质和行为特征，他们和蒋宪彬、胡涛等人是“一伙人”，具有付出的文化、感恩的文化和抱团取暖的文化，他们简单相信，行动力强，只要方向对，就不怀疑不犹豫，而且具有同样的“利天下”的理想抱负和情怀，而非一心利己。

正如海尔张瑞敏说，成功是思维和价值观的成功，而不是销售收入的成功。

管道思维：源源不断兑现当下和未来

归农就是这样一个生态系统，务求真实，无愧我心，然后每个人把自己的能量向周围朋友圈辐射出去，用归农的模式方法，让这个能量呈现出一个具体的状态，用产品将它值多少钱进行评估、变现，如此而已。

值得一提的是，归农提倡一种“管道思维”。一个着眼于未来的人，不能只顾眼下，而应建立一种投资思维，投资未来，宁愿现在少赚，也要建立一个永远可用的管道，龙头一开，细水长流，这显然比一次赚很多钱但不可持续来得更有价值，收益更大。

但是为什么有些人宁愿选择拿现在更高的工资，而不去选择现在工资相对低，但可能更有未来的事？因为他们总想落袋为安，拿到手里更放心。持这种打工心态，永远不可能成为合伙人。这种心态，还意味着他们对投资未来能否达到理想目标，持怀疑态度。那么，归农与生俱来可以消除这种怀疑，那就是并非很久以后项目成熟才收割，而是播下种子马上就收割，比如你买了雪梨膏，消费了，你马上就可以获得奖励，实现未来。归农的商业模式和奖励制度不断对兑现现在和未来，永远伴随着你。

因为一体化，“你中有我，我中有你”，所以你能从别人的发展和别人的未来中获得收益，对于你而言，这就是未来已来。只要你买了一单归农产品，你马上申请 VIP 开店，这个管道就成型了，归农许你的未来就展现在眼前了，你马上就可以着手展开未来。只是你要不断经营维护这根管道，使源头和口径越来越大。勿需买产品，也可以申请加入 VIP。

做归农，未来就在眼前，而且是你可掌控的未来。这也是消费商的含义，具体的消费是当下的，而商人是既赚当下又着眼于未来的。因此在归农仅仅消费意义不大，你没有建立着眼未来的管道，你应该申请 VIP 开店，让更多的人把他的未来与你共享，成为你的未来。

当你成为一个消费商，你会在消费过程中不断总结，分享，再总结，再分享，你越来越熟悉这个商品，你成了达人，把对这个商品的体验、心得和认知不断反馈、分享出去，让更多的朋友也来消费，成为 VIP 会员。这时，消费商数量会越来越庞大，像滚雪球一样，你的管道源头和直径就越来越大。

因此归农还形成了一种社群经济，其社群庞大的数量形成的整体价值，一加一大于二，“整体大于个体之和”，整体产生了一定的放大效应，比如利用庞大的销量基数，归农可以获得对供应商的议价权，所获得的低成本，又可使产品以低价吸引更多人消费加入，进而获得更大议价权，实现越来越快速的良性循环……

归农具有“电商的工具、连锁的形态、直销的灵魂”。每个人消费了归农产品之后，就可以注册成为VIP会员，就可以分享让朋友消费并有奖励可拿，但是他每分享给一个人消费一次，只有几元最多几十元的奖励，很微薄。但是，他有800万流量资产，可以动员足够多的人在朋友圈里开足够多的店，这就像开连锁店，只要单店不亏，能赚钱，他想多赚钱，那就多动员朋友消费开店。

因此归农具有连锁的形态，在归农开店还没有门槛费，更不投资，不交租金，不发工资，不囤货，不发货，没风险，也没有任何销售任务，你想多挣就多分享，分享得少就少挣，不分享不挣也可以，你也可以仅仅自己消费，这样你还是可以省钱，总部还是会对你的消费进行奖励，因为你为总部创造了一次销售贡献，不管是你消费的还是谁消费的，有贡献就有奖励。

关键是挣多挣少你都没有成本，你不用收款，总部收款，总部发货，你所挣的只是总部对你邀请朋友来消费所作的奖励而已，性质就是如此，实际也如此简单。

所以归农和会员的成功，也就是让足够多的朋友来开店，费点口舌，举手之劳而已，开得足够多，利润总体就高了，所以归农会员月收入过万的家庭主妇数不胜数。过去她们只是在家带孩子，现在仍然在家带孩子，却一边玩着手机一边就有了可观的收入。

当然，需要利用社交电商这个工具，这一切都需要在移动互联社交网络平台上实现，否则“皮之不存，毛将焉附”？

“品牌无用论”与归农生活美学

未来商业最大的价值在于人与人的交互，在于人与人的信息沟通，以此形成一个人人都是IP中心的移动互联生态系统，因为人的价值才是最大的，人有巨大的潜能和无限多的朋友关系。而商品是这个生态系统的具体运营工具，是用来拓展人际网络、发掘消费潜力和将人际关系变现的一种工具，商品只是一种价值工具。这才是社会发展的大趋势。

而且归农以及未来更多归农这样的公司，已经聚集起了大量的消费者，他们有共同的消费价值观，有共同的认知理念，他们是反传统商业行销模式的，他们会认为广告轰炸支撑起来的品牌的加价分销模式让消费者承受了巨大的莫须有的成本，而且产品还未必真实可信。这个时代已经越来越不需要品牌了。

这个时代，“品牌无用论”将越来越盛行，只要归农为某个产品的品质和性价比作了背书，只要信归农，这个产品就可信，成千上万的归农会员只要需要，他们就会来买，这时，这个产品还需要品牌吗？不需要了！

甚至只需要一个最简单的牛皮纸包装，不需要任何花纹图案。一个与产品无关却产生高昂代言成本且需要消费者买单的东西，要它干嘛呢？！因此任何多余的包装、印制等多余无用的功能都应该去掉，包装纸或包装盒上，印一个简单的名称便于称呼即可，甚至名称都不需要，用一个编号即可……

在这个物资丰富、消费升级的时代，归农倡导的“拙朴、简单、自然”的生活美学，真的很美好，它高举着一面大旗——那就是品质真实，价格回归价值！一切修饰的、花俏的、过度的包装、多余的功能、品牌噱头等去掉之后，余下的当然就是产品最本真的东西，那就是真实的品质及真实的价格，除此还有什么呢？因此越拙朴简单，越彰显品质和价值。

一个极受会员欢迎的产品，会在它所在的生态体系内获得极高的知名度与美誉度，但它不是传统意义上的品牌，它只是某种优质产品的名称，比如雪梨膏，它包含着这个产品所有的软硬信息，所有会员都知道它代表着丰富的内容信息和优秀的品质，它的价值已深植在会员心里，这时候，它需要好看复杂的包装来吸引人吗？不需要。

雪梨膏的包装确实越来越简单，一个用于产品识别的标签贴在瓶子上，三个瓶子紧实地放在一个有藏区特色标识的内衬小盒子里，就给你寄来了，没有任何多余。

同样，归农所卖的水果，放心大胆的购买就可以了，因为归农为他们把了关，这时这些水果还需要品牌去包装吗？都不需要了。只要他们收到的产品口感品质让人信服而不是让人怀疑，其他一切都不需要。

又比如归农卖的所有产品，都没有明显的品牌名称，甚至归农只在商城里有几张图片展示，内容说明功效价值等在页面下说明清楚，有关机构质检报告随后，只需要如此展示，这个产品叫什么品牌？真的不用知道，也没有品牌。

你会发现，产品不需要品牌也可以卖得很好。但归农这个渠道品牌的影响力会越来越大。从理论上说，品牌的目的是建立消费信任，只要有一个环节为你建立起了这种信任为你背书，你就可以放心消费，所以有归农把关，产品品牌就不需要了。因此蒋宪彬认为，归农未来应该更接近于无印良品。无印良品不是一个平台，它销售的所有产品都是无印良品公司专业采购人员从各地严格筛选出来后，去品牌，把原品牌等多余的东西去掉，展现最质朴的一面，然后上架。

归农给自己也是这样定位，“农产品里的无印良品”，它不会去生产产品，而是按照归农的标准去挑选最好或最合适的产品，或是反向定制，先有需求，再去找厂家定制。这类企业，除了无印良品，还有优衣库、名创优品，他们都砍掉了中间环节，砍掉了品牌部分的虚高价格，以产品最原本、最真实的价格让消费者享受它最真实的品质。

这样的产品，包含着一种返璞归真、触及本质的美学理念，这样的产品顺应天道，顺应自然，尊崇人性，做回自己。因为归农的价值就是传播真实，无论是消费观念，还是做人，都需如此，做人不要装，顺其自然。

撇去浮华泡沫，回归事物本真。蒋宪彬推了一款产品来表明自己的这种理念，一套可用于吃饭的榉木碗，木材透出天然的颜色，天然的纹理，天然的香气。这样的木碗是一种身份标签，使用它时你会暗示自己，你是秉持归农理念的人。

这种返璞归真，推崇真诚自信的中国美，反对表面主义、反对浮躁、反对过度包装的内在美，反对过度人为修饰，道法自然的自然美，这三种美是蒋宪彬和归农人的追求。生活在一个美好的地球上，土壤要越种越肥沃，而不是越种越板结沙化，归农秉持的“自然农法”反对农药化肥的使用，未来小水沟里随时可以抓到小鱼，田里掏一把泥，里面就有泥鳅，呼吸着有草木清香的空气，吃的是生态天然的水果蔬菜，衣着朴素简单自然，不刻意讲究，每个人的交往都不做作，不装不假，表达真实的内心，用诚意和善意去发现世界的美好……

因此蒋宪彬总结说，归农除了有简称“三大愿望”的“三愿”，还有“三情”和另外“三美”。“三情”，一是回家回乡的乡情亲情；二是热爱自然之情，向往平和、自由、宁静；三是感恩敬畏之情，阳光的普照，大地的养育，农人的劳作，皆应感恩敬畏。

“三美”则一是农村之美，稻黄麦绿，青山绿水的环境之美；二是农业之美，衣食之本，粮油蔬果棉麻桑梓之源；农人之美，朴实简单，勤恳之美。

“三愿”是企业使命，“三情”“三美”，这种回归自然本真的生活追求，则是归农的生活美学观，转换成对整个社会的要求和追求则是——拙朴、简单、自然，从饮食到衣着行为，到思想态度，都追求返璞归真，回归真实自然，不装不作，呈现自然和内心真实的面貌和相互的和谐。

至此你会发现，归农有三美、三情、三愿、三有、三心、三度，有一整套自己的价值体系。

至此，过去人们追求华丽表象的品牌生活，与归农追求的朴实自然本真的品质生活，形成了鲜明的对比，前者正在衰落，后者正在兴起。当人的生活到一定境界之时，所有产品，所有事，他都不会再看外表的包装而看其实质，这就像人与人之间的交往，你所交往的是一个人的品质、性情、思想观念和学识修养，而绝不是衣着外表所包装出来的那个浮华皮囊。对产品我们何尝不可以这样要求呢?

只要你懂内容，或者有朋友为你把关产品，只要你相信产品的品质，这个产品是什么品牌和有怎样的包装，就太次要了，因为你需要的是直接产生使用价值的品质，根本不需要它的品牌和包装，品牌和包装只是它的名字和衣着，与你需要的使用价值无关，甚至它没有品牌和包装，你反而会更喜欢，因为这代表着它真的品质好，好到不需要品牌和包装了。

未来已来。时代已经不同了，这是一个个体价值被放大的时代，是每一个人自主化、市场化的时代，你就是一个信息传播中心和利润中心，这样的人必然越来越理性，必然越来越善于看清实质。这时传统的广告忽悠式营销方法，慢慢就没有市场了，因为人的理性、个性，使羊群效应、从众心理都没有了。这时人们会追求更品质更真实的生活方式，那就是归农的生活美学。

未来已来，这个时代，旧的思维被新思维取代，旧的战略意图被新的战略意图所改写，各种因素的平衡将被打破，旧有的结构、竞争方式和企业经营模式都会被颠覆，让位于更加本质的新观念、新视角。此时企业顺应潮流，你就上升到新高度，如果逆水行舟，就可能翻船落水……

一种潜流正在形成滚滚洪流，正在改变现实。

第十章

归农的启示在哪里

归农是一种消费价值观和生活美学观，它显然不是一个产品或平台，它是一种思想和信仰，只是这种思想需要用产品和平台来承载、实现，或者说归农是用这样的产品和平台形式，用这样的组织架构，来承载的一套新型商业价值观、美学观和实践方法论。

归农未来能走多远？

2018年12月，归农荣获“改革开放40年中国农业十大互联网品牌”称号。

归农未来能走多远？这是每个归农会员关心的问题。蒋宪彬很自信的是，归农能永远走下去。

这取决于两件事，一件是价格与价值要尽可能接近，让用户切实受益。归农确实给人们良心产品和良心价格，日久见人心，时间一长就会天下归心；第二件事是精神层面。归农在内容方面，在文化、情怀、理想、使命上有非同寻常的创见和作为，这些内容使会员有归宿感和使命感，认同你，追随你，与你同悲欢共进退。

这个问题非常重要。归农不是产品品牌，也不是简单的渠道品牌，归农是一种可以包容很多东西的价值理念和运营生态系统，是比品牌大得多的一种无形的价值观，是一种载体，也是一种媒介。

它是一种思想，是价值理念。产品因为时代变迁会落后会淘汰，但归农思想永远不会落后，它是对美好人性的一种理解与把握，人性不受时代约束，在任何时代都是触动人心的，一百年一千年后，人性的美好依然不变，比如产品中所包含的爱、情怀、真诚、有料、有趣，娱乐化、趣味化，产品内容里的这些内在价值，是归农永远的追求，很明显也是人性的追求。只要符合人性，归农就一定能够长久。

换言之，归农是人性在消费价值观和生活美学观上的一种体现，是对生活智慧的把握，它显然不是一个产品或平台，它是一种思想和信仰，只是这种思想需要用产品和平台来承载和实现，或者说归农是用这样的产品和平台形式，是用这样的组织架构，来承载的一套商业价值观、美学观和实践方法论。

这是爱，是情怀，是永远不变的那一类人性，另外还有一类趋利避害的人性，这种人性是随时代变化而变化的，比如这是一个去中心化，去品牌集中度的时代，过去来一个大明星万人空巷，现在碎片化，去中心化，人的注意力很分散，然后是社群化、圈子化、个性化、个人中心化，人们都尽可能释放自己的个性，每个人都有自己的爱好和愿意花时间的地方，万人空巷不再有了。这也是人性表现。

这些人性表现，都印证了一种变革趋势，产品也必须符合这种趋势，那就是产品也要去中心化、碎片化，产品不需要品牌集中度了，电商和归农所有产品都是如此表现，但它一定是大众需求的，复购率高的，是带有一定的稀有性不易买到的，或者需要高信任度来支撑——在移动互联时代，这才是最受市场欢迎的产品表现。

这时社会去中心化，品牌去集中度了，产品没有品牌了，你靠什么来建立信任度？产品还有什么样的价值呢？或者说，产品的价值该怎样来体现？此时归农应该做什么？

这时产品需要回归自然本真、回归本质，产品需要靠本来的面貌，靠它内在的真实性、本质性、本性的东西，靠它实实在在为人所使用的那个价值，来呈现。这时产品就是一个干干净净的东西，没有花里胡哨的修饰装饰和夸张的包装。这一点，我们在前面已有阐述。为什么产品靠本质性来获得价值？因为这就是产品原本具有的价值，也是人消费这个产品所需要的那个使用价值。

当品牌已经不重要甚至已经没有的时候，产品就只剩下它最本真的那一些价值，除此产品还有其他什么价值？没有了，也不需要了。确实一个产品不可能连真实性，连使用价值都没有了吧，否则它就不是产品。产品之所为成为产品，它要守住一个最本质的东西，恰恰这个最本质的东西，是消费者最需求的。而传统商业时代很多东西，是由品牌“障眼法”来支撑的，而不是由内在本质来支撑的。

这就在逻辑上，回答了归农要走长远，价格与价值必须相符的问题。这种没有外在忽悠包装的产品，价格自然是下降的。那么，归农会因为思想情怀可以走长远，同时因为回归价值本真，也可以走长远。

一个是产品本身的价值，另一个是人文情怀的价值，二者都决定了归农可走长远。

基于这一切，归农是可以长久发展的。归农虽然以移动互联社交网络的形态崛起，但是归农的基因不是互联网，是人性。所以蒋宪彬说，将来哪怕微信停止运营了，归农也死不了，只要人和人之间的联系还在，它就存在。

这也是时代变化的结果，时代的变化总是按人类需求的变化而变化。这个变化是如此之快，稍不留神，你就会成为弃儿，“时代抛弃你的时候，连再见都不会说一声”，2018 年初大润发超市被阿里巴巴并购，创始人辞职时说了一句话，“我打败了所有对手，却输给了这个时代”，他万万没想到一个做互联网的收购了实体超市，所以张瑞敏才说，“没有成功的企业，只有时代的企业”，大润发曾经的辉煌只属于它的那个时代，那个时代已经过去了。

有意思的是，归农的这一套价值观正好是社群营销的灵魂，与社群经济的内涵高度吻合，正好适合在社群里聚集起这个群体。“物以类聚，人以群分”，因为共同的价值观，这个群体使归农越来越有凝聚力，因为每个人都成了一粒火种。

归农因为理想、使命、文化、情怀而存在，会员因此而聚集，所以在归农会员之间可以谈理想抱负，谈人生情怀，大家会更同频，会积累更多人脉，人们会更善良更快乐。这是思想情怀给归农带来的另一种价值。

这样的社会，会更美好。

还需要一提的是，公益情怀也是归农的一种长寿基因。

蒋宪彬的三大愿望，显然是一种公益情怀，归农做的所有事，都明显利他，都是公益兴农的。公益是一种关乎社会人群某种共同需求、共同理想的事业，归农显然具有公益性质。公益要持续下去，必须赢利，比如对雪梨膏的销售，如果归农不赢利，就做不了这件事，最后最痛苦的还是藏区大量的果农，因此归农以及所有归农会员的赢利是极为正常的，如果不赢利，就成了慈善捐赠，是一次性的，不可持续，性质完全不同，所以一件多赢的事业，都有公益性质，都应提倡。

只有带着善意，才能发现真正的美好。归农对所有农产品的销售，都有一颗利他之心，都有一颗公益心。

归农的十五种启示

在移动互联社交时代做内容电商的归农，究竟有多么与众不同？它究竟做了一些什么样的别人做不了的事？

归农启示之一：把农民不好卖、卖不掉的东西卖出去了

按照传统销售方式农民不好卖的东西，归农卖出去了，而且卖得很好。归农刚开始上的昭通苹果，丑得让人当垃圾扔掉，第二年开始不仅没有人把昭通苹果当垃圾扔了，而且复购呼声还非常高，一般的营销模式是绝对做不到的。一句话，归农低价格 + 内容营销，把丑东西卖出去了。

泰和乌鸡蛋原本是不好卖的，个小，价高，但是归农用内容营销的方式，就把真正的乌鸡蛋卖出去了。把乌鸡的种种独特性、稀有性、药食一体的好处等内容一说，全国各地数不清的归农会员，就算只有极少部分来买，按照“长尾理论”，也会产生巨大的销量。

海南的小台芒，以前收购价 6 元一斤，后来跟风种植太多，果农急得哭，归农用自己的模式实现了销售。

归农启示之二：返璞归真的消费价值观、生活美学观

归农的消费价值观和生活美学观是一种人文情怀，击中了人性。我们都愿意生活在一个美好的地球上，我们的土壤要越种越肥沃，而不是越种越板结沙化，自然农法反对农药化肥的使用，我们小水沟里面随时都可以抓到小鱼，掏一把泥巴里面就有泥鳅，这是归农的生活美学观，也是对整个社会的要求和追求，但如果不推崇自然农法，一味追求产量，一味的追求高效，用工业化的方式去衡量农业生产，也许在短时间当中产量是可以的，但是土壤越种越贫瘠，人类的生存环境越来越差。当归农提出的这种使命情怀击中了人性，消费者如果认同，他就会琢磨这个事情，为什么推送自然农法，有什么好处？有哪些特征？到底能不能做到现在和农业一样的产量？他就愿意来了解，自然农法与归农生活美学就都能得到推广。

所以归农其实是一个造梦大师，倡导人心向善，许多人不谈利益也愿

意在归农里玩。

归农启示之三：消费即投资，消费即创业

所有人不投资，无门槛、不囤货，也不需发货、不要门店，不请人，就在家里躺在床上，玩着手机，就可以卖货，就可以联系朋友去归农消费，这是别人很难做到的，“花本该花的钱，赚到过去赚不到的收入”。这一点前面已阐述得很多，不赘述。

归农启示之四：化解买卖对立，用户替商户思考，人文教化突出

既是消费者也是分享者，是消费商，因此消费者替商户思考的现象大量存在。比如一次上木瓜，因为发货出现失误，用户本来买一箱，却收到了两箱，用户会主动告知，并补上另一箱的钱。为什么这些用户会这么做？因为买卖之间没有对立情绪。

人心向上向善的正能量是会被调动起来，文化的价值就会得以彰显。随着归农做得越来越成熟、公平，买卖对立化解得越来越好，人们变得越发善良美好。这是归农相当牛气之处，它具有强大的人文教化功能。

归农启示之五：订单农业，反向定制，用精确的计划精准满足市场

归农手里有市场，就能用众筹的方式获得需求信息，然后据此向生产农户定制产品，真正实现“以销定产”。一定程度上说，这是一种高度市场化的计划经济，根据市场来做计划，即用精准的计划精确满足市场，避免了生产厂家想当然地安排产量“以产定销”，供需失衡。同时，也避免了单纯依靠市场杠杆那只“无形的手”所必然产生的弊端，避免了某个产品好卖大家一窝蜂地种植导致的生产过剩，也就避免了“啤酒游戏”的发生。比如玛咖曾经很贵，因为一窝蜂种植，现在当菜卖都没人要了。

归农的反向定制，就可避免这种错误的发生，合理高效地调度社会资源进行生产，避免了物资、资金、人力和时间等资源的浪费，理论上可做到农业生产永远不愁销路，永远不过剩。这是归农的理想，因此我们在前面说，现代商人的一项重要职责是进行社会资源的合理调配。

这样的订单农业，归农可以先交定金，不然农户不敢生产，正因为先交钱，而且量大，价格就会有很大的折让，归农成本可以降得更低，这大大有助于实现归农的另一个理想——让普通农产品不用过高地溢价也能通过电商在网上销售。这样就能更多品种、更大量地解决农产品的滞销问题，比如花生米、大米、香蕉等数不清的产品，比如香蕉很便宜，但消费量大。归农的所有优势，都在指向这一可能。

这也是归农的商业理想，让农业生产实现供需平衡，最大程度地降低生产风险。如果归农将来能做到，就确实非常厉害了。

归农启示之六：价格透明，组织消费者到生产源头考察

归农经常组织会员到生产源头考察把关。2018 年 4 月 28 日至 4 月 30 日，归农组织了两百多人到亚洲最大的芦荟种植基地和加工企业万绿参观考察和培训。事实上，会员来元江最大的价值除了培训，还有实地考察。通过真实的活动和照片、视频，向所有会员见证，见证芦荟胶生产车间、生产流水线，见证产品是怎样生产出来的。我为更多未到现场的消费者见证了，把关了，向所有人证实这家企业和这些产品是真实可靠可信赖的！

这种见证带来的信任，会形成一波销售热潮。4 月 30 日当天，万绿的一款新品，归农在培训现场发起了众筹销售，半小时不到创造了 168 万元的销售收入，这就是见证把关之后产生的奇迹。

归农启示之七：统一收银，自动分配奖励，窜货乱价都不会发生

归农商城到底起什么作用？归农其实是一个创业者联盟，是一个个人流量资产经营变现的生态系统。既然是一个营运系统，那么归农提供了什么样的工具？提供了哪些支持？

其实这个商城最大的支持是，统一收银。商城产品展示当然有一些作用，但并不是最重要的。统一收银的好处是，一是奖励分配由系统软件自动解决，利润如何分配，分多少？全部自动解决，这比传统直销或者经销商层层批发代销的方法，绝对更先进，这就是社交电商工具的实质意义。归农提供这样一个工具，大家用这个工具去做事去变现，共用这一个工具，方便计算。

另一个非常重要的作用，是控价。归农的价格必须是统一的，假如你的客户不是在商城里统一付钱，而是你直接收钱，价格和现金的管理就乱了，你卖这个价他卖那个价，收多收少你可以改变，该分给别人的钱你也能找理由不分，各自都有理由各按各的套路玩，千差万别，这就玩不下去了。

商城里一个统一的价格，统一在商城里支付，窜货也不会发生，因为无论你在哪个地方和谁合作做归农，你在总部买和在东北买西南买，都是这个统一价，没有价差，你从归农买来之后拿到其他地方也无法卖高价，别人要买也只在归农上按统一价买，所以归农批量卖货，也不会窜货。

统一标准，公平竞争，这也高度符合移动互联的时代精神。

模式本身就决定了窜货和乱价的问题不会发生，奖励分配也不会混乱，这样管理变得很轻松，蒋宪彬和胡涛、胡业民等高管就可将大量时间精力投入到为消费者选货把关上，核心竞争力就会变得更强，加速良性循环。

归农启示之八：让全职妈妈经济独立，从而实现人格独立

由于做归农的多是年轻妈妈，甚至许多是没有收入的全职妈妈，过去她们经济不独立，在家里很难说有地位，导致人格也不独立，处处委曲求全，家庭关系出现许多问题。做归农使她们经济独立了，人格也就独立了，自己的事自己能决定能解决，与社会可以更密切地接触，心理也更健康，孩子的读书医疗等问题也更有能力解决，家庭更和谐，人与人的关系也更友善。这样的好处，有目共睹，无须赘言。

归农启示之九：社群 + 社区，落地配

当农产品物流运输成本比产品本身的成本还高之时，产品往往不适合做电商，这类水果只适合短距离运输，往往在家门口的集贸市场和社区店能买到，电商没有优势；另一种不适合做电商的，是物流运输成本高、特别容易损耗、很难保鲜的水果，比如荔枝、杨梅、车厘子、葡萄，特别容易坏，这些水果快递很难发，在网上基本没人卖。

但这类水果市场需求量很大，那么，这些产品做社群营销，怎样才能做？

蒋宪彬的办法是，社群＋社区，区域化，本地化，进行社区落地配，就能解决别人解决不了的难题，比如归农会员把一个小区的所有业主集中扫荡，众筹，拼单，光一个小区就可能实现很大的销量，这样归农就可以集中发一个航班的货到该城市，落地后汽车拉到这个小区，大家再去分。这样集中采购，量大价优，不用分装运输，损耗减小，速度也大大加快，价格比在线下集贸市场和社区店还便宜得多，这样这类水果就可以做电商了。这其实就是拼单，是拼多多的落地版，不过归农是真拼。

社区收单到一定量，价格还可降低，经营非常灵活。这就是区域范围内线下的信息对称，是其他商业模式做不到的。

归农启示之十：很丑的包括变色的产品，人们都愿买

归农还能把变了色的护肤品卖出去，而且还很受欢迎。本来透明的护肤品变黄色了，在实体店大商场里，这绝对要理赔的。但是归农的消费者不仅不置疑不害怕，还认识到它确实是好东西，为什么？因为归农能做内容营销，向所有会员条分缕析地说明，那是因为没有加防腐剂或加得不多的原因，这种天然植物护肤品内容物的生物活性没有被破坏，长时间光照之后，生物活性被激发，颜色自然会变化，这是好事，证明产品的确绿色天然。人们往脸上敷蛋清敷黄瓜等，不都是具有生物活性的吗？

这就是内容电商的强大之处，在平台上一经说明，问题就轻松解决，甚至在产品上架之前就先行说明，产品会发生这样的变化，你买不买？相信你就买，不相信你不买就是，一切问题迎刃而解。显然这是一种很高明的营销思维，是一种返璞归真的商业智慧。

归农启示之十一：实现批量零售而非单卖

许多电商卖货，都是一盒一盒地卖，销量极其有限，但归农 QQ 群只有一两百人时，一个月就能卖五千盒花草茶，为什么？归农通过社群，通过内容输出告诉你，你买一盒两盒一定是最不划算的，至少快递费，10 盒和两盒没有区别，如果你最终会买 10 盒，只要保质期内能用完，为什么不一

次买够，愿意分几次多付几次的快递费呢？而且，完全可能你下次想要的时候，归农售完没货了。归农为用户考虑，使其单盒成本降低，这就是商业操作的智慧。这样销售的速度加快，销量就会变大。

归农启示之十二：在群里通知一声，就能卖货

现在归农下单时，群里超过 70% 的用户压根儿不看商城页面里的产品介绍，他们点开归农时已经决定买还是不买了。这也是归农的牛气之处，甚至上一款产品根本不需要图片链接，也不需介绍，也有人直接下单。为什么？信用、诚信在起作用，比如蒋宪彬直接说家乡粽子 12 个，没有图片，下面也没有文字介绍，有谁想买家乡粽子，点链接下单支付就行了。一样也有大量会员下单，这就是长期追随，知道蒋宪彬知道归农时时刻刻都是讲诚信讲品质的，也就不怀疑。归农如此讲究把关产品，如此讲究真实和品质，会员还需要担心吗？显然不用担心。

归农启示之十三：有一批铁杆会员

改变认知之后，一切皆有可能，认知的力量是无穷的。内容和产品都是实实在在的好东西，归农不骗人，归农的消费价值观和生活美学思想，让所有人信服、喜欢，他们在归农找到了同道中人，找到了归宿感，在这里消费能省钱，分享能赚钱，物质和精神上都能得到满足，他们为什么不在里面玩呢？在那些没有思想内容，一切只为钱而做的平台上，一旦不赚钱，人们拍屁股就走人了。

归农启示之十四：高效组织执行活动

从决定搞活动，组织全国各地 400 多人参加雪梨膏推介会，到成功执行完成，归农仅仅用了七天时间；另一场在南昌举行的一两百人的活动，周五晚上决定做，周日晚上所有参会会员就从全国各地赶来报到集合完毕，不到两天，完成了通知到签到的所有组织工作，这就是效率。当然最重要的原因是，所有会员随时在线，信息瞬间通知到位，会员当即决定当即网上买票。信息瞬间触达无数多的人群，就是社群营销的魅力之一，第一是

信息技术提供了支持，第二确实归农的效率很高。的确需要这样的办事效率，才能与现代信息的高效率相匹配，与移动互联的时代精神相吻合，也才能有归农与移动互联生态一体化的深刻。

归农启示之十五：会员参加培训考试，比上学还认真

归农的产品内容、人文思想、运作操作等，都需要对会员进行培训，学员都非常认真积极，纷纷表示学到了许多有用的知识和观念，比如归农在 2015 年开展了自然农法学习周，所有会员积极参与，自发结伴讨论。这一周天天说自然农法，下一周可能学习其他话题，学完解散之前立即在微信上考试，问答题、选择题、填空题都有。根据成绩奖励积分，积分可用于兑换商品。许多人真的像小学中学读书那样认真学习，认真考试。

第十一章

归农人：让我们一起更美好

在归农，用匠心、耐心、诚实的心，一起做一件有意义的事，通过利他来利己，无数个本我、自我在归农这个群体里同化升华，重新被认识，重新被塑造，用社交的方式创造价值。在归农，以契约精神规范交易，以人道精神化解买卖矛盾，在这样一种更加友善的氛围里，每一个人学会了欣赏自己，找到了更多自我存在的乐趣，同时也尝试更多的彼此欣赏，于是，我们发现一切都变得更加美好。

成功就是相信并坚持着

2018年8月，蒋宪彬到成都参加网易的一场活动，期间组织成都会员举行了一次见面会，作了三个多小时的培训。蒋宪彬问，优秀的归农人，应该具备什么样的特点？

他通过研究多个优秀归农人，总结说，这些特点是：

① 坚定地相信。信念坚定，毫不动摇；

② 执着专业。全身心投入，更用心才能理解更深刻更令人信服，而且你总是比新加入的人更懂行更专业；

③ 极强目标感。每天每周每月，都有目标计划，而且必须达到，一旦制定就必须达成，无数小目标汇聚成大目标；

④ 坚持不懈。在归农没有捷径可走，每天的坚持、重复就是最简单的成功步骤，社群里大家一起聊天、分享经验，遇到困难挫折都来安慰，取得成绩便一起快乐分享！每天每周每月，坚持向朋友分享，保持一定的强度和密度不松懈，只有这样，时间才会成为你的朋友，否则会成为你的敌人；

⑤ 超强行动力。只有行动能产生结果，什么事情说干就干；

⑥ 具有做内容的能力，具有内容的二次创造能力。能用自己的体验感受去说服朋友，并且能运用工具创造性地做内容，如录制视频、音频，写总结体会；

⑦ 强烈的责任心。有担当，愿意承担责任，这样可以凝聚更多的人；

⑧ 有大格局。有做大事的心胸和理念，愿意把方法分享给所有人，眼界和心胸都更开阔；

⑨ 内心强大。任何时候都很自信，遇到挫折不动摇，相信自己就是榜样。

许多会员只具备一部分特点，但是最成功的那部分人，是这几点都具备的。

归农凭着这样的信念方法迅速发展，实力日益强劲，2018 年 6 月，蒋宪彬与对自己有知遇之恩的前老板鲁晓强展开了合作，共同经营做日用品的茄子联盟，归农人开始从农产品向日用百货进军。

除了领路人，还需要一群优秀的人，这样优秀才会成为一种团队习惯。几名不直接参与经营的股东之外，归农总部还有胡涛、胡业民、杜卫平、老 V、政委、晨兮、玲萍、付雪、菲菲，和茄子网的总负责人鲁小农等人员，但是在市场上执行完成临门一脚的，是有近两百万会员的一支庞大地面部队，其中最优秀的那一部分人，都有自己的故事。

最典型的是“归农一姐”朝英姐。2014 年底，朝英姐打算离开她供职的朵彩成都公司，正不知何去何从时，上海的老同事老朋友蒋宪彬一个电话联系上她，“我正在做一件有意义的事，用社交电商的方式，销售上海崇明岛的生态天然大米，你可以在成都做这个事情！”朝英姐在她的 QQ 群里把照片一晒说明了一下，当天就卖了三十多单。就这样，归农初创阶段的市场营销，迈出了极为重要的一步。

当年年底，蒋宪彬第一次考察了云南元江的芦荟之后，已经辞职在家的朝英姐开始卖归农的芦荟产品，她想，她一定要做一个自己喜欢的、有趋势有前景有意义的事情。这时蒋宪彬正在运作蕙芷庄园，朝英姐觉得这个项目充满诗情画意，产品又是家家户户都需要的，采用分享模式做市场，顿觉十分倾心。2015 年 4 月，朝英姐和第一批归农的种子用户 13 人一起考察元江的芦荟基地之后，5 月份开始将自己一套房子装修成工作室，决心认认真真把归农当作自己的事业，从此大刀阔斧，全身心投入。

“时间是最好的朋友。哪怕一些人与我同时起步，3 年的过程中，可能我的态度和实际上投入的心力，与其他人不一样，3 年之后的结果就千差万别了。所以回想起来，做任何事情，贵在坚持，我觉得我还是有点创业精神的，真的是懂得坚持，当然我觉得可能也是因为在骨子里，真心热爱归农，我才愿意去认真坚持。”朝英姐说，“相信相信的力量，成功就是简单的事情重复做，重复的事情坚持做！成功就是相信着并坚持着。”

整个过程中，归农遇到的所有困难，朝英姐都经历了。但朝英姐非常坚定地相信蒋宪彬，从不动摇，朝英姐成功的道理其实很简单，只要归农大方向是正确的，你就不应该被小困难小问题困扰，这时如果你把大量心思时间花在对小问题的徘徊纠结上，就是自己阻碍自己前进的脚步，让别人把你抛得更远。

被称为“归农二姐”的曾的，业绩仅次于朝英姐，是朝英姐一个小区的邻居。她总是不愿停留在舒适区里，总是把自己置于不进则退，需付出十分努力才能成功的境地之中，但这种成功往往是很大的成功。做归农之前她做过传统囤货微商，一开始想拉朝英姐做她的会员，却没招架住归农的内容营销，几个月之后开始跟着朝英姐做归农，从此一发不可收。

曾的也是个爽朗简单的人，她说自己觉得好的东西就一股脑地倒出来与他人分享，只要方向对，其他事想得简单一点更好，她相信归农符合大趋势，就坚定地做这个事情，一根筋，没有犹犹豫豫，没有顾虑，反而更易成功。

“我就是那个一根筋，天天都很开心的人。”她说，“我在重庆铁路上上班的时候，参加军训，天气热，食堂没空调，同学们都挑食吃不下，嫌弃这嫌弃那，只有我吃得心满意足，说好吃好吃，那表情开心得能感染人，后来吃饭时大家都跟着我，这样大家吃不下饭时也高高兴兴。”

人就是这样，你越评价我好我越得表现，所以相互欣赏，看到对方闪光的一面，事情就会越来越好。所以曾的也是一个快乐、坚定、没有负能量的人，永远向着光明奔跑，她也能跑得最快。

曾的开始建自己的归农群后发现，现代人不缺钱，缺的是精神，那么归农就能给你提供精神内容，她从归农学到大量知识提升认知后，她侃侃而谈，谈归农的情怀、价值观，谈自然农法，谈归农的生活美学，谈各种产品背后的知识，谈蒋宪彬的三大愿望之一“让普通消费者也消费得起天然生态的农产品”，朋友们总是听得津津有味，充满向往。慢慢地，她和朋友们的精神都会依附于归农这个平台，大家就会觉得离不开这个平台，赚不赚钱都不愿离开。

因此与人沟通交流，金钱利益只是一个直接且肤浅的目的，更多的话题必须体现在有料有趣有爱的种种内容和精神的交流上，而且是大家好奇的有精神共鸣又有直接物质需求的话题，大家就会兴奋。谈你善长的别人又感兴趣的话题，让别人觉得你非常专业，这相当重要。

其实这就是内容营销，谈资，无论是理念精神还是产品故事，都是内容。更精准地定位，归农就是一家内容电商，以内容作为核心竞争力的社交电商。

优秀是一种习惯，而习惯是一种养成，所以优秀是日积月累养成的。曾的总结说，“我习惯坚定坚持做一件事，奇迹就这样发生了，真的叫奇迹发生了。所以我经常在群里说，你相信，你就去做。也许我们朋友圈大小不一样，能力不一样，经历不一样，但是在归农，什么都一样，我不需要投资，你也不需要投资，我没有金钱上的损失，你也永远不会有，在归农我收获金钱也收获知识，你也一样，我在归农收获大量的朋友，你也一样可以，做归农让我很开心，你也会很开心。我们会一样，心情会更开朗，眼界会更开阔，我们都不会是狭隘的人，这时候，我们的人生和过去都会不一样，我们会有可观的收入，你会欣赏自己，也会欣赏我，我们都会觉得自己很美好……”

进入归农，没有收获是不可能的，至少你会更优秀。

娘娘也是做得最好的之一。娘娘有自己的公司做着不小的业务，在做决定时，她和朝英姐聊到归农经历的挫折，更加坚定了她做的决心。朝英姐说，蒋大和归农一直在经历挫折，一直在试错，一直在纠正调整尝试各种道路，试了几年的错，也一直有钱赚，就这样错着错着，突然发现它就正确了。

娘娘就想，一个错了几年都坚持不放弃理想的人，经历了这么多挫折终于走上正轨的人，将来再犯错误尤其犯大错误的可能性就很小了，何况，蒋宪彬的理想情怀、消费价值观和生活美学理念，值得追随，于是决定做归农。一上手立即找到感觉，加上她超强的口才和思辩能力，以及她广泛而强大的人脉关系，很快就做到了业绩第三。

据说与娘娘业绩不相上下的妮可是一位汽车工程师，由于她远在江西，作者未能对她进行采访，但这位工科女能在业余时间把业绩做得这么突出，她的能力是可想而知的。有趣的是，她和娘娘都业余做归农，归农人形象地把这叫做“备胎”——当正式工作收入降低时，还有业余做的归农来托底。正常情况下，你也有两份收入，对许多人而言，这是一个的诱惑。现代社会中所有人都应该是“斜杠青年”——具备多种身份，具有多种能力，需要什么能力时，就运用什么样的能力，这也是一种“U盘人生”，不管你插在什么样配置的电脑上，你都能发挥自己的能力，为他人和自己创造价值。

韬妈，在蒋宪彬看来，是天生同频的那种人，她做归农之前开过茶楼、美容院，养着员工和门店，还要不停地参加各种培训，每年的利润所剩无几，于是关了美容院在家带孩子。她曾经看到过一句话，“你不喜欢的人越多，证明你的问题越大”，她就努力去喜欢所有人，看别人的优点。

韬妈刚加入归农的第一天，蒋宪彬与她沟通之后，非常认可韬妈倍受鼓舞，当夜写了一篇文章抒发感受，主题归农是一种情怀，放在朝英姐的群里，蒋宪彬看到后，加了个前言后记，将标题改为《当商业遇到情怀，当情怀遇到商业》，发到了归农的公众号里。就是这篇文章，奠定了韬妈在归农的基础，无数人因为这篇文章认识了韬妈，成了她的会员。

十几天后，归农在南昌举办活动发布芦荟新产品同时培训，韬妈心想自己只有几百元收益，从成都去南昌往返路费都远远不够，去还是不去？想来想去，决定去，她与老公商量说，“蒋大这个人一定会把归农干大，值得追随。”“为什么？”“我们以前做美容时出去学习，都是要自己掏学费的，包括住宿等，至少要花四五千元，但归农不但免费请你学习，每天还补助150元住宿费，正好一个标间的房费300元。几十人一周下来加上会务费，他要补贴十来万元钱，这说明他一定是想把事情做大做好，否则他不会贴这样的血本。这么令人感动的做事方式，肯定能把事做好。”

两天后韬妈一个电话打回家里，兴奋地说，“来对了，来对了！做归农是做对了，太值得了！”韬妈是一个没上过班，没有打过工的人，一直就自己为自己打工，对归农的模式一下找到了感觉，从此情有独钟，倾心投入。

作为后起之秀，年轻的韬妈成长迅速，那也是因为韬妈专职归农，她相信，坚持，激发每一个人的斗志，她总是让人觉得自己是最优秀的。

一起来做一件有意义的事

中国是一个农业大国，农村情怀也很浓郁，每个人都有乡愁。让乡愁和农村情怀重新流淌在我们的血液里，并且切实行动起来，这就是归农了不起的地方。

归农带着这样的乡愁和情怀，对一群曾经过着安逸生活的人，或者对事业有成的人，或者对安贫乐道的人，或者对安享晚年生活的人，或者对性格开朗和不十分开朗的人，或者对自己未来发展有想法和没有太多的想法的人，对这类家庭主妇和有工作的女人男人，给他们带来了一种新的可能，可能让他们变得更富有，更自立，更自强，带来对生活和未来更多的希望。

方兰就是其中的一种人，她也是最出色的归农人之一，她虽然不像其他人那样，善于在公共场合让自己引人注目，接受采访时，她也显得内敛腼腆不喜张扬，但是她却在用自己的方式，默默坚持和努力，因而她收获的时候也不那么引人注意。你可以发现，不同的归农人性情各有差异，但无论是谁，她们共同的特点是对归农一致的认同和努力打拼的精神。仔细看方兰的业绩，你会发现十分突出，这和她善于识人有很大关系，她总能选择最优秀的人成为自己的朋友，让朋友成为厉害的归农人，她的黑马心海灿烂，就凭一己之力打开了整个吉林市场。

也是因为一瓶雪梨膏，心海灿烂成为归农忠实拥趸。她曾经总结说，“归农五个半月最幸福的事情莫过于家里人都受益于归农，所有归农产品，我们全家一直在用，这就是归农在大吉林最好的代言。想赚钱，先让自己值钱，想做事，先让自己先做人……”

会员斌曾经是一家酒业公司的高管，现在有自己的公司，也是两个孩子的妈妈，最初从她的推荐人方兰的朋友圈发现了礼泉苹果，买来一尝，一向挑剔的老公说好香，有天然的味道，从此开始激情满满地分享归农，从开始分享到升级群管理，一个礼拜，每天像打了鸡血一样，每天都在看自己收入有多少，每一笔佣金信息都让她激动不已，因为激动兴奋开心，她越来越投入，收入越来越高。

斌讲了一个小故事，她居住的小区有一对双胞胎宝妈，老公开了一家小公司，家庭经济条件并不是很好。我建议她做归农，但她很排斥，直到真的体验了产品，并了解归农的精神与模式后，她试着开始做起来，现在不仅靠自己贴补了家用，而且越做越有了劲头……

会员秀蓉过去买东西是好坏都买一大堆，其实完全是糊涂的，弄不清楚产品好坏。做归农之后她不一样了，她说，“现在我用过的每一样东西我都能说出它好或者不好，不好在哪儿，好在哪儿，这种感觉很棒。过去我公司的人做市场调查，客户问问卷上的问题，为什么这样问，调查人员答不出来。所以归农让我发现，你做了这个事情，就必须懂行，你必须成为专家，至少你的谈吐要像个专家。这样别人才会觉得你是专业的，才会与你合作。”

通过做归农，秀蓉甚至对自己公司的业务也有了改进。

水宝贝、春燕、东梅、刘妈是朝英姐最早发展的归农最老资格的会员，其中刘妈曾经因为工作原因，中途熄火离开归农，但实在禁不住归农情怀和精神的诱惑，重新回到归农；邓邓儿在浙江某外贸企业工作，归农让她的人生变得更加精彩；陈戟说到归农就掉眼泪，整个身心全都投入了；素小麦曾经是大学教师，归农为她展开了全新的人生画卷；另一位大学教师章萍，专教移动社交电商课程，也成了归农的主要会员；在北京做图书生意的陈欣用当年电话营销练就的口才技巧，做归农很快上手；河南的梅子，也非常努力地分享；还有沉默不语（芳姐）、荣妹妹、郭郭，都是归农的主要会员……

秦璇是个摄影家，发展了许多艺术家分享归农。丢丢很出色，综合能力很强。这两人书中已有不少地方提到，在此不赘述。

特别值得一提的是，归农的会员中有一位 73 岁的刁婆婆，被归农的兴农情怀和消费观、生活美学观所感染，加入进来，积极分享自然生态产品。2018 年 8 月 5 日成都聚会，她专门请了书画家画了一幅牡丹，写了一幅字“盛世归农，锦上添花；兴农大爱，永继芳华”，赠送给蒋宪彬。

她说自己归农之后，一改几十年的生活习惯，一日三餐吃的全都有归农的产品，早晨一杯牛奶，一袋益生菌，一袋青汁加素饮，另外用手工活酿的糯米酒煮两个乌鸡蛋或是吃一个高邮咸鸭蛋，另加一些时令可口的水果，如小台芒、伦晚脐橙、昭通苹果、蜜瓜、杏子，饭后泡一杯四花茶，有玫瑰花、胎菊、金银花、洛神花，如果天气热，就吃半碗芦荟果丁，天气凉爽就吃红糖姜茶。然后时不时地换点雪梨膏、巢蜜、椴树蜜、苹果膏、红薯膏、葛根粉。煮饭用的是能发芽的活米，用黄花菜炖鸡或排骨，炒菜、凉拌菜用的是高端野生山茶油，辣椒吃的是湖南僧人用原生态方式种的，这些辣椒还听过佛音……

习婆婆说，自己的生活变得丰富多彩，上了岁数还越来越有小资情调了，这都因为，她开始真正热爱天然的农产品，而这样的产品，归农就可以带给她，归农的一切，都源自天然、真实。她发展了一批老年朋友也开始分享归农。

习婆婆说的是产品，另一个叫艳妮的会员总结说的是商业模式，“归农公司帮你把商城开好，客服帮你请好，物流帮你找好，售前售后帮你做好，质量帮你把好关，活动帮你策划好，利益帮你算好，乱七八糟的事都给你解决完了，只等你来做老板，把你的朋友请进来消费即可，卖得出去，利润是你的，卖不出去，商品是厂家的，所有费用开支是归农公司的，你还顾虑什么呢？这就是归农的魅力。”

不管是朝英姐、曾的，还是韬妈等人，凡是有一定能力的人，都会建群，都会带会员，作者曾经参加过韬妈组织的一次会员聚会，她的一部分会员，聂灵灵、默默、丫头、陈炯、兰欣、天赐宝贝、嘻游贝贝、飞蚂蚁等七八人，聚在韬妈的工作室内，与作者讨论交流，共同促进。每个人都阐述了自己做归农的心得体会，所有人的故事，都让人深有感触（所有这些人，全都做过传统加价分销的微商，只有嘻游贝贝因为自己找货，赚了钱）。

其中聂灵灵说，“在归农，任何人之间的关系都是平等的，最关键看价格，任何人买归农任何产品都是一个价格，比如雪梨膏，你买是69元，他来买也是69元，甚至蒋大本人买也是69元，这才是真正的人人平等。”作者点评说，这充分体现了移动互联时代一切透明平等的精神。

她点头说，“我是农村出来的，知道农民不容易，所以去金川看雪梨膏，真的被震撼了。之前金川雪梨膏的故事一直在归农里传播，但亲眼所见，还是被深深震撼了，去年的梨还有许许多多干枯了挂在树上，今天的花又大片大片地盛开了，你会好心痛，看见果农无奈的眼神，你就想帮助他们，所以就义无反顾做归农了。所以这里面真的有公益心，公益事业挑人吗，不挑人，归农不挑人，人人可为……"

韬妈的另一个会员默默说，"做归农让我收获了许多钱买不来的东西，我做过直销，但是直销没有让我改变，为什么在归农我用了短短两个月的时间改变了，从一个自卑自闭的人变为积极阳光的宝妈，我感觉自己变得能说会道，来了归农才有朋友间的大量交集，否则我始终不会跟你去聊天，但是现在不一样了，我能够跟大家侃侃而谈，这就是归农带给我的变化，为什么我现在开始积极向上，那是用心看待归农用心分享它，原因就在这儿，归农真的改变了我的人生历史。"

一个叫周艳的会员，做过云集，做过囤货的传统微商，做过实体店，她说，也许是命中注定要同归农结缘，加入归农当晚，她说，"看了蒋大的创业史，当晚久久不能入睡，我开始琢磨创业，他说创业是'大事敢想，小事愿干'，我也决心这样干……"

归农会员中，有两个平凡却令人感动的人，一是王静，王静非常努力，但是性格极为腼腆，家在农村读书少，与外界基本无接触，微信朋友也就几十个人。她跟随归农时间不短，发展十分缓慢，第一年的收益累计700元，但是她刻苦学习归农所有的知识和业务流程，在各个群里非常活跃，一旦有谁有不懂的知识，解决不了的难题，在群里一问，她总是非常积极地解答，而且总是正确，成了归农会员里最受欢迎的人，也是归农最有正能量最爱帮助人的人，这证明王静其实非常聪明。但是她收入实在太少，蒋宪彬被她的精神感动了，每个月发给她1000元工资，作为对她努力为会员排忧解难的回报，也彰显了归农的爱心与正能量。

给王静发工资一事，在归农会员中引起了极大的震动，人们不仅为王静感动，更为蒋宪彬的仁义之举而感动，觉得归农确实是个充满爱的大家庭。现在，王静通过自己的努力，已经用自己在归农的收入为老公司买了一辆车。

另一个让人感动的是瑜儿的故事。瑜儿是四川乡下两个孩子的年轻妈妈，幼儿起由养父抚育成人，养父因为她，终生未娶，因此瑜儿是一个知恩图报的孩子。同王静一样，在农村长大读书少又无多少朋友，人脉资源不足，人群里不敢说话，但是她想努力改变自己的命运，后来开始分享归农。由于在乡下，快递到不了家门，每次都需要走几里路才拿得到归农产品。她就这样，一直坚持不懈。

结婚以来她一直依靠老公生活，除了老公给的生活费就没有多余的闲钱，她觉得老公挣钱不易，自己挣不了钱也就不浪费钱，几年才买一次衣服包包和鞋子。手头拮据，回娘家一千元钱都拿不出来给养父，养父身体不好，她说“那种心酸常人无法体会”。加入归农后，她为了有钱给养父看病，工作非常努力。有一次，养父打电话说肺气肿犯了无力走路，瑜儿心痛不已，却没有钱带养父看病，觉得自己特别没用。瑜儿是韬妈的会员，韬妈知道此事后，发动自己的社群为瑜儿募捐了6000多元钱，瑜儿却坚决不收。因为自己的成长经历，瑜儿是个有骨气有正气也懂感恩有爱心的孩子，她总是帮助他人，一幢楼的家长们都上班去了，孩子在家没有照看，瑜儿就给家长们说，孩子带到我家来，我带着他们一起玩，我帮大家照看孩子。长年累月每天如此，家长们都很感动，也愿意帮助瑜儿，于是慢慢地都成了归农的会员。

在归农有了收入，她就一心想自己挣钱给养父看病，拒绝韬妈社群捐的钱，韬妈坚决要给，最后瑜儿说自己挣了钱要还，韬妈答应后，瑜儿才收下钱。哪知十来天后，瑜儿又坚决把钱还给了韬妈，说拿着别人的钱，心里像压着石头一样难受。瑜儿加入归农后，前两个月收入不到一千元，在韬妈和朝英姐的悉心指导下，进步很快，第四个月收入超过了3000元。“别人能做到我也能做到，我必须努力没有退路……”讲到自己的故事，讲到对归农的感激之情，这个坚强的孩子终于没忍住，泪流满面。

会员覃孟鲜说，“归农以来，收获多多，感动多多，常常情不自禁热泪盈眶……”

几乎所有人对归农，对蒋宪彬，都怀着一颗感恩之心。

听说要为归农写一本书，经蒋宪彬一召集，许许多多人把自己的心得体会递交了上来，由于篇幅所限，所写内容相似，在此不一一进行介绍，只将人名或微信名陈列以示感谢。除了书中各处已经提到的人，另外还有瓦砾、王小丽、彭霞、阿汤、赵欣、追梦、刘丽、张涛、周小静、钟桂英、雅荧妈、李飞飞、晓丹、刘帮惠、周慧、夏慧雪、许林、朱金妹、鑫哥、至简至真、麻辣草、幸福之馨、心愿、Jessie、王秀红、安琪、邹红艳、黄小梅、杨继先、鱼儿、Lily、周雪、静、子岚、萝卜樱樱等数十人。另外归农会员中最突出的前100个人，包括所有归农人，他们为归农思想的践行都付出了巨大努力，在此不一一例举。

在归农，只要你是VIP会员，只要你努力分享，你就会成为一家“小而美”的“公司”，无数这样小而美的公司汇集起来，就是归农，就是一个巨无霸，而且到一定程度，每一个人也是巨无霸，从你身上也可以复制出N个小而美的公司。看上去你只是一个很小的个体，但事实上你的影响力、你的辐射范围很大，你可以把业务做得很大，小个体蕴含大能量。

每一次遇见，都是美好

蒋宪彬用他的归农消费价值观和生活美学观，点燃了一批又一批归农人对生活对自然本质的追求，点燃了人们内心的良知与情怀，越来越多的人聚集在归农的理念之下。蒋宪彬的人生价值，也在一步步“自我完成”，他在这条处于社会变化大势前沿，却少有人走的路上，找到了人生的意义。

他的个人形象，也是其思想观念的反映。第一次见到蒋宪彬，几乎所有归农宝妈们都觉得他是个邻家大哥，朴实自然，一点没有架子。他一直是这样一个人，从来不修边幅，穿着自然随意，不讲究也不需要讲究，只要做的是一件有意义的事，是事业是大事，衣着自然随性就好，哪里还需要用品牌服装来撑面子。这和他追求的归农消费价值观、生活美学观是完全一致的。

换言之，只要内在品质突出，哪里还需要用外在的品质来粉饰呢？内在品质是无法用外在品质来彰显的，因为内在品质和外在品质常常是矛盾的，外在的品牌服饰是用来遮蔽缺陷的，但也总会遮蔽一个人的内在光芒，或者会让人觉得这个人只有外在服饰品牌所凸显的浮华表象，但外在的总是不真实的，那不是一个人真实的内涵。什么样的服装风格可以彰显一个人内在的修为品质呢？最突出的，是拙朴、简单、自然，返璞归真，甚至干脆不修边幅。

不让表象遮蔽实质，去掉表象，即可去掉表象所带来的障眼法，让实质显露。许多品牌广告，其实你可以理解为一种“障眼法”。

所以蒋宪彬自称“粗人”，这是不装不作的表现，然后说“粗人干大事”，他不修边幅到什么程度，2018 年春天作者去他家乡，他和两位自家兄弟管高勇、蒋宪武开车来接。他穿着露膀子的背心和一条花棉绸裤子，和作者在机场外合了张影，有细心的归农会员当即从朋友圈照片上发现，蒋宪彬的花裤子上，竟然破了一个大洞，“裤子上有个洞！”他却心安理得地穿着到处跑，接到作者之后，还一起去了一朋友的公司，给公司的骨干讲了两小时的课！

这表明，他狂放不羁的外表下有一颗自在强大的心，外在的一些瑕疵，已经远远不足以惑乱和动摇他的内心。甚至他根本就不认为这是瑕疵，只有庸俗的普通人按庸俗的社会观念来看才是瑕疵。他对此无所顾忌的理由也很充分，他用这种不拘小节的行为告诉消费者，他是多么倾心于归农的事业和理念，这些小节完全不足以影响到他，他的内心和意志，是强大而坚定的。

戴个破草帽，就可以下地去搬刚采摘的农产品；穿双旧拖鞋，坐在破木凳上，就可以端碗稀饭，在一群大城市来的归农美女面前，毫无顾忌喝起来。他说：“‘越土’越骄傲！”

他就是这样一个朴素的人，追求内在美与自然美，“形象有什么用？有用的是你做的事！”“不疯魔，不成活”，他全身心投入到归农这项事业的产品、理念和运营之中。他在上海办公室玻璃幕墙下安了高高低低一排木架子，用大收纳箱种了许多农作物，芦荟、油菜、麦子、白菜，甚至就让它杂草丛生，有时候工作累了就去松松土，浇浇水……整天沉浸在自然的生态里，才把归农的运营逻辑和思想理念，考虑得这么全面深透，正是考虑得如此全面深透，他才更加坚定，才能把思想理念灌输给所有归农的会员。

“一心归农。”他对作者说，归农就是返璞归真，回归真实自然，自然也是回报乡梓，回归农村。归农的事业初步走向正轨之后，他决定到乡下租几百亩土地，实验他和全社会理想中的“自然农法”，用三五年甚至七八年时间，采用完全不施肥不打药甚至不管理的方式，让杂草丛生，让虫害繁衍，在这种情况下，种植各种农作物，这样就可以实现天然生态环境和农作物天然品质的恢复，同时实现对土壤的改良，使土壤里的微生物活跃繁衍，完全恢复其天然状态，使土壤不再板结，恢复其自然肥力。

同时，让这些农作物自留种，用于下一季在这片土地上播种，这些农作物适应了这片土地，种子基因带有这片土地的信息，在这片土地上的生命力就会更强，包括对病虫害的适应，作物天然生态品质会越来越好，最后完全恢复成为天然绿色产品，“最关键是自留种”，农村出身的蒋宪彬如是说。如果每一季从外面采购种子，基因的适应性和品质的连续性都没有了，那不是自然农法。

接到作者后，他把作者一块儿拉到朋友公司，他穿着背心，破着裤子，光着膀子，穿着拖鞋，应邀去给朋友和公司高管一大群人讲了一课，兴致勃勃，侃侃而谈，讲了两个小时归农方法论，触及本质的方法，听得一群人眼睛都瞪大了，感叹不已。他一开口，听课的人就会觉得，这个人太有料了，值得追随。他讲的不仅是思想理念，而且是有用的干货。

他这样的形象，初识有点让人意外，深交却让人很舒服，肚里有货，脑子里有思想，穿着形象就不重要了。归农人早就习惯了并且很欣赏这样的作风，觉得很真实不虚假，完全自然不做作，内心真实表里如一，有一说一，有二说二，但又温和随性，就像邻家亲切自然的大哥哥，完全没有某些培训公司的讲师那样，成天西装革履，照个相还抄着手臂挺胸昂首，一幅高高在上藐视一切的样子。

“太做作了，我最不喜欢这个样子的人，为什么要表面抬着，装着，不拿出真实的人样呢？”他说，“回到家在亲人面前，你还装不装？不装了嘛，那么为什么在外面面对陌生人你要装呢？这不和打广告做品牌是一个道理吗，搞些障眼法，搞些虚假的泡沫唬人。”

虚假吸引虚假，真实吸引真实。你向所有人敞开，所有人就向你敞开，这样沟通与管理成本会低很多，做事效率会高很多。

“只有美好的事物，可以让我们一起更美好……”在宾馆里，作者和蒋宪彬聊得正欢，突然儿时的邻居大哥陈文海带着蒋宪彬的中学校长，登门来访，故人相见，亲切异常。肖校长已经退休，对蒋宪彬有知遇之恩，蒋宪彬读初中时，肖校长是语文老师，一次上完《红楼梦》节选《葫芦僧乱判葫芦案》一课时，肖校长安排的作文是续写课文，蒋宪彬一时兴起，写了整整一个作文本，肖校长仔细看完，大加赞赏，作为全班范文朗读。

蒋宪彬本来对语文毫无兴趣，从此对语文热情大增，信心百倍，几年下来打下极好的文字功底，在之后的工作和创业过程中，他的写作能力发挥了巨大作用，包括归农的内容营销，公众号里上百篇文章几乎全是他写的。

对这样的老师，蒋宪彬自然是感激不尽，午餐时，得知老校长退休后家遇困难，便加了校长的微信，悄悄给校长打了五位数的一笔钱以谢师恩。老校长一看手机，错愕不已，眼眶顿时就红了……

到这里，作者就理解了，为什么他会给王静发工资。

蒋宪彬也曾经卑微，稍好的酒店也曾经不敢进去消费，同情心与同理心，让他能体会所有人的不易，于是他对所有人都心存感念，对所有归农人，甚至对“敌人”。他生日当天，给作者发了一段话，“一曲《水手》，体会到不要拿着微不足道的成绩来麻醉自己，一曲《再回首》，感慨40年来所有曾经熟悉现在变陌生的人，感慨无数陌生，而现在变熟悉的人。感谢感恩所有前40年在我生命中出现的所有人，亲人、恩人、爱人、友人，哪怕是可能算‘敌人”的每一个人……”

这样的思想，源于他认为万物都是平等的，他尊重每一个人，他给即将参加军训的十岁儿子写了一封信，称儿子为“先生”：“亲爱的蒋××先生”。为什么称“先生”，他在信中解释说，先生是男子汉，是有知识的人，是绅士……他希望儿子自小就有这样的意识，能这样要求自己，也视所有人为先生。

蒋宪彬的乡下老家，是绿油油的稻田、苍翠的松林树木围绕着的几幢房子。附近几台载重卡车、挖掘机和一群工人，正在热火朝天地忙碌。他在修建一座小型水库，以利于附近村民上百亩水田的灌溉。有了一点收入，他总是不忘及时回报乡梓。同时动工的，是他理想中的蕙芷庄园，其实就是依山而建错落有致的一幢房子，“既然我们叫蕙芷归农，就需要有这样一个乡村庄园，主要是客房、会议室，将来归农的会议、活动、培训都可以在这里举办，不用在外到处找宾馆。这里去火车站去机场也方便快捷。”

在他老家的几天里，天气异常炎热，他穿着背心拖鞋，戴个草帽，每天汗流浃背地在两个工地上跑来跑去，一会儿与工程师讨论，一会儿监工指挥，一会儿下沟掏泥……

老家是父亲早年修建的一幢平房，风水很好，背靠丘陵山坡面朝广阔田野，四周绿意盎然，空气清新水质极好。屋前院坝里立着一根水管，一压手柄就有清水喷涌而出，“知道这是什么吗？”蒋宪彬在工地上踩了一脚的泥，他一边压水冲脚，一边问作者。

“这是小时候，修这幢房子时打的一口水井，家里吃水就靠这个。你发现没有，至今这里还没有自来水，好在这里基本还是原生态的环境，水可以直接喝的。”作者不太敢相信，“你敢直接喝？！”他二话不说，压了一下手柄，直接伸嘴在出水口咕咚咕咚喝了几大口，满脸是笑。“打井时，我跳下去掏泥，十来米深，只容得下一人。深度够了，把水管埋下去，井口密封好就可以了。”

这里确实风景优美，生态环境保持着原生态。作者在旁边亲戚家门边屋檐下，发现几棵刚刚采摘来，随意扔在青苔地上的野生灵芝。

带着蒋宪彬修屋打井的父亲，当了一辈子乡村小学教师，教的是数学，一生最大的骄傲是将一批又一批学生送到了城里更好的中学，赢得了所有孩子父母的尊重。让父亲非常开心也经常念叨的一件事，是他亲手培养考上复旦大学的一个学生，一次专程来看望他，两人合影的时候，另一位老师也兴致勃勃地凑了过来。后来父亲经常在蒋宪彬和其他人面前，开心地炫耀此事，“别人是专门来看望我的，他又没教过他，他来凑什么热闹照什么相呢……”表面是报怨，其实是满心的骄傲。

也许是遗传，蒋宪彬也是这样一个内心充满骄傲自信的人。

父亲就是在房前屋后和周边树林里，采了草药，给乡亲们治个头痛脑热。但是他治病救人从来不收费，都免费。治好了乡亲们过年过节来看望看望，送点腊肉香肠父亲就很高兴。这真是叫治病救人，以免除他人病痛为目的，目的不是赚钱。父亲想要的，是乡亲们对他的尊重感激，那份口碑评价。

父亲还会点神武拳之类的功夫，带着陈文海等几个徒弟，经常在院坝里比划。但是蒋宪彬看了电影《少林寺》想学武术时，父亲却不允许，拿根棍子打得儿子满院子跑，最后把儿子追到树上。

有其父必有其子，蒋宪彬也是这样一个倔强执着有爱心有侠义情怀的人。

2018年4月下旬，父亲突然去世。蒋宪彬从上海连夜驱车回江西老家，和兄弟姊妹乡亲朋友们数日操持，把父亲送上山后，又只身连夜赶到云南元江，那里有为了见证万亩芦荟品质的数百名归农会员，由胡涛、杜卫平胡业民带着，一边搞活动一边等着他来。凌晨五点赶到元江，九点钟，他准时出现会议中心，做了整整一天的培训，在台上侃侃而谈，最后谈到父亲，泪流满面。

第二天，归农新产品芦荟水在元江宣布上架，半小时卖了168万元，创下历史新高。

一个月后，蒋宪彬和作者一道，又回到家乡。兄弟姊妹长大各奔了前程，家里已经没有人居住，一切物是人非。蒋宪彬和弟弟蒋宪武带着工程师挖掘机师傅们忙了一天，一块儿过来的母亲做了一桌饭菜，一家人和朋友们大碗喝酒大块吃肉，谈笑风生。一桌饭菜，都是原生态的，米饭是江西特有的籼米品种稻花香米，细长小粒，绵软清香，口感爽滑。这种在大城市吃不到的产量极少的珍贵大米，在这里却是家常便饭。

所以蒋宪彬有个结论，“美好就在身边”，真正的好东西，并不是广告宣传满天飞的，一旦宣传做大了，东西一定会因为成本高等原因而降低品质，会因为工业化量产而失去自然真味。真正的好东西，在你身边是悄无声息的、不起眼的，就像那几棵扔在门边青苔地上的灵芝。

图书在版编目（CIP）数据

归农：移动互联时代精神与内容电商启示录／白勇著. -- 北京：经济日报出版社，2018. 12

ISBN 978 - 7 - 5196 - 0437 - 0

Ⅰ. ①归… Ⅱ. ①白… Ⅲ. ①农业 - 电子商务 - 研究 Ⅳ. ①F713. 36

中国版本图书馆 CIP 数据核字（2018）第 289010 号

归农——移动互联时代精神与内容电商启示录

作　　者	白　勇
责任编辑	高　远
责任校对	薛银涛
出版发行	经济日报出版社
社　　址	北京市西城区白纸坊东街 2 号 A 座综合楼 710
邮政编码	100054
电　　话	010 - 63567684（总编室）
	010 - 63538621　63567692（发行部）
网　　址	www. edpbook. com. cn
E - mail	edpbook@ sina. com
经　　销	全国新华书店
印　　刷	北京文昌阁彩色印刷有限责任公司
开　　本	710 × 1000 mm　1/16
印　　张	12. 25
字　　数	180 千字
版　　次	2019 年 3 月第一版
印　　次	2019 年 3 月第一次印刷
书　　号	ISBN 978 - 7 - 5196 - 0437 - 0
定　　价	58. 00 元